中等职业教育"十一五"规划教材

公共基础课教材系列

中职生礼仪规范教程

胡 宁 刘湘文 刘安拉 主编

科学出版社

北 京

内 容 简 介

全书分为 8 章，主要内容包括：礼仪概述、中职生个人礼仪、家庭礼仪、校园礼仪、社交礼仪、职场礼仪、求职礼仪和涉外礼仪。为增加可读性书中增加了一些有关礼仪的小知识、小故事和形象的插图。

本书可用作中职中专院校各专业通用教材，亦可作为社会各界人士学习礼仪知识的参考书。

图书在版编目（CIP）数据

中职生礼仪规范教程/胡宁等主编 . —北京：科学出版社，2007
（中等职业教育"十一五"规划教材·公共基础课教材系列）
ISBN 978-7-03-019622-4

Ⅰ. 中… Ⅱ. 胡… Ⅲ. 专业学校-学生-礼仪-教材
Ⅳ. G715

中国版本图书馆 CIP 数据核字（2007）第 125414 号

责任编辑：沈力匀　孙　杰　毕光跃/责任校对：柏连海
责任印制：吕春珉/封面设计：耕者设计工作室

科学出版社 出版
北京东黄城根北街 16 号
邮政编码：100717
http：//www. sciencep. com
双青印刷厂 印刷
科学出版社发行　各地新华书店经销
*
2007 年 8 月第　一　版　　开本：787×1092 1/16
2016 年 3 月第二十六次印刷　印张：10 3/4
字数：240 000
定价：22. 00 元
（如有印装质量问题，我社负责调换〈双青〉）
销售部电话：010－62136230　编辑部电话：010－62135235（SP04）

本书编写人员

主　编　胡　宁　　刘湘文　　刘安拉
副主编　陈德华　　谭成芝　　伍国樑
　　　　李筱琳　　刘玉青　　郭丽华
　　　　朱丽颖　　农克县　　罗昌金
参　编　唐　鸣　　宋洪敏　　黄喜珍
　　　　黄丹丹　　黄　冰　　黄小海
　　　　黎异鹏

前　　言

中国是礼仪之邦，上下五千年，从西周视礼为"国之大柄"到现代的"五讲四美"；从荀子的"国无礼而不宁"到今天的精神文明建设，礼仪一直是传统文化的核心。讲"理"重"仪"是中华民族世代相传的优秀传统，源远流长的礼仪是先人留给我们的一笔丰厚遗产。如今，随着社会的进步，人们社交面的扩大，礼仪已成为社会文明的标志，人们的正常生活都离不开礼仪。

为落实《面向 21 世纪教育振兴行动计划》中提出的实施职业教育课程改革和教材建设规划的要求，我们根据中等职业学校礼仪规范教程教学基本要求编写了本书。为继承和发扬中华民族的优良传统，中职生应当用规范的礼仪来指导自己的一言一行，要学礼用礼，以礼待人，成为中华民族优秀的一代。

全书分为 8 章，主要内容包括：礼仪概述、个人礼仪、家庭礼仪、校园礼仪、社交礼仪、职场礼仪、求职礼仪、涉外礼仪。为增加可读性，书中还配有相关礼仪的小知识、小故事和形象的插图。

本书在编写过程中参考了大量有关礼仪方面的书籍和资料，在此谨向有关作者表示衷心的感谢！新教材的编写是一项探索性的工作，由于各种客观与主观因素的制约，书中难免存在不足之处，欢迎各使用单位及个人对本书提出宝贵意见和建议！

前　言

目 录

第1章 礼仪概述

学习重点

● 掌握礼仪的基本概念，功能及作用。

● 掌握礼仪的发展历史。

● 了解东西方礼仪文化的差异。

你知道吗？

李鸿章曾应俾斯麦之邀前往赴宴，由于不懂西餐礼仪，把一碗吃水果后洗手的水喝了。当时俾斯麦不了解中国的虚实，为了不使李鸿章丢丑，他也将洗手水一饮而尽，见此情景，其他文武百官只能忍笑奉陪。这个事例说明了在不同的场合，需要不同的礼仪，礼仪存在于各种场合！

1.1 礼仪概述

人类区别于动物的一个显著特征是人类的社会性。人类的活动不但受着自然规律的影响和制约，而且还受着社会规律以及由社会规律决定的各种社会规范的影响和制约。在这些社会规范中，除了道德规范和规律规范以外，还有一个很重要的方面，这就是礼仪规范。礼仪，作为在人类历史发展中逐渐形成并积淀下来的一种文化，始终以某种精神的约束力支配着每个人的行为，从一个人对它的适应和掌握的程度，可以看出他的文明与教养的程度。因此，礼仪是人类文明进步的重要标志。

那礼仪规范从何而来呢？什么是礼仪呢？

1.1.1 礼仪的内涵

礼仪是中国古代文化的基础。"中国有礼仪之大，故称夏，有服装之美，故称华。"中华民族上下五千年形成了源远流长的历史和辉煌灿烂的文化，使其素有"礼仪之邦"的美誉，故此，礼仪成为一个民族道德修养和文明程度的外在表现。礼仪的本意是"敬"，即敬神求福的法度、准则和方式。《辞海》的解释是：礼，本谓敬神，引为敬人。由此衍生出的礼貌、礼节、仪表、仪式无一不围绕一个"敬"字而展开并逐步具体化、规范化。

1. 礼仪的概念

礼是礼貌、礼节。仪是仪式、仪表、仪态。虽然"礼"和"仪"有时分开使用，各有其意，但更多时候合为一体，意指人们在社会交往中所形成的相互表示敬意和友好的行为规范与准则，体现为礼貌、礼节、仪表、仪式等具体形式。

你知道吗？

　　"礼仪"是一个综合性的范畴，涉及到政治学、伦理学、社会学、管理学等诸多学科，可以从不同的角度进行研究。由于历史的原因，我们过去对"礼"和"礼仪"的政治学研究较多，而对其伦理学研究至今还很薄弱。因此，从伦理学的角度研究"礼仪"，阐述它的道德功能及其实现机制，对于拓展伦理学的视野，加强公民道德建设，有着重要的理论意义和实践意义。

　　从内容上讲，礼仪由礼仪的主体、礼仪的客体、礼仪的媒介、礼仪的环境四要素构成。

　　礼仪的主体，即礼仪活动的操作者和实施者。

　　礼仪的客体，即礼仪的对象，指的是礼仪活动的指向者和承受者。

　　礼仪的媒介，即礼仪活动所依托的一定的媒介。

　　礼仪的环境，即礼仪活动得以进行的特定的时空条件。

　　2. 仪的分类

　　礼仪依据其适用对象、适用范围的不同，大致可分为政务礼仪、商务礼仪、服务礼仪、社交礼仪、涉外礼仪等。

　　政务礼仪，又称国家公务员礼仪，指的是国家公务员在执行国家公务时所应当遵守的礼仪。

　　商务礼仪，指的是公司、企业的从业人员以及其他一切从事经济活动的人士在经济往来中所应当遵守的礼仪。

　　服务礼仪，指的是各类服务行业的从业人员在自己的工作岗位上所应当遵守的礼仪。

　　社交礼仪，指的是社会各界人士在一般性的交际应酬中所应当遵守的礼仪。

　　涉外礼仪，指的是人们在国际交际中所应当遵守的礼仪。

1.1.2　礼仪的功能与作用

　　1. 礼仪的功能

　　礼仪的功能之一，是有助于提高人们的自身修养。在人际交往中，礼仪往往是衡量一个人文明程度的准绳。它不仅仅反映一个人的交际技巧与应变能力，而且还反映一个人的气质风度、阅历见识、道德情操、精神风貌。因此，在这个意义上，完全可以说礼仪即教养。

　　礼仪的功能之二，是有助于人们美化自身，美化生活。

　　礼仪的功能之三，是有助于促进人们的社会交往，改善人际关系。"世事洞察皆学问，人情练达即文章"讲的就是人际关系的重要性。一个人只要同他人打交道，就不能不讲礼仪。

礼仪的功能之四，是有助于净化社会风气，推进社会主义精神文明建设。一般而言，人们的教养反映其素质，而素质又体现于细节。

你知道吗？

《三国志》中记载：刘备是一位有缺点，甚至才能平庸的人，然而，他却是不可思议的君主，其中最大的原因就是很得人心，他是一个社交高手。非常有个性的关羽、张飞都被刘备所吸引，连诸葛亮这样的绝世英才，也感心悦诚服，刘备是能够利用这些人的领导者，所以刘备成功的关键所在是注重社交，讲究礼仪，坦诚待人，表里如一。

2. 礼仪的作用

古人云："国有礼则国昌，家尚礼则家大，身尚礼则身正，心有礼则心泰。"孔子曰："不学礼，无己立。""礼之用，和为贵。"荀子曰："人无礼则不生，事无礼则不成，国无礼则不宁。"可见，礼仪在社会生活中的地位和作用何等重要，同时也说明了礼仪是一个人立足社会、成就事业、获得美好人生的基础。提倡礼仪、注重礼仪，有助于与他人和谐相处；有助于提高自身的修养；有助于美化自身、美化生活；有助于净化社会风气，推动社会主义精神文明建设；有助于社会的祥和稳定。

礼仪作为人们思想、意识、修养、情操水平的重要标志，在现代社会中占据着极其重要的地位。礼仪是人际关系的润滑剂，是社会组织与公众联系的重要桥梁，是衡量服务人才标准的最基本内容。学礼、知礼、用礼不仅是每个具有现代意识的人的主观意愿，而且是社会生活的客观需要。

小测试

试论述礼仪的基本概念、分类及作用。

1.2　礼仪的起源与发展

礼仪作为人类文化的表现形式之一，如同其他诸如文字、绘画等文化表现形式一样，是人类不断摆脱愚昧、野蛮、落后，逐渐走向开化、进步和文明的标志。礼仪的形式和发展，经历了一个从无到有，从低级到高级，从零散到完整的渐进过程。揭示礼仪的起源及其历史演变，有利于我们更深刻地把握礼仪的本质，全方位了解礼仪文化，并通过对传统礼仪文化的扬弃，更好地指导我们的现代礼仪实践。

1.2.1　礼仪的起源

根据人类学、历史学的研究，人类礼仪的产生主要源于两个重要的方面。

1. 源于原始的宗教祭祀

礼仪是伴随原始宗教的产生而产生的。有了原始的宗教，就有了原始宗教的祭祀活动形式，形成了人类社会最初的礼仪。在中国，礼仪是由崇拜自然物转移到人类自身的一种模式，比如由对龙的崇敬扩展到对君王的崇敬。古代典籍中，有许多关于龙的记载和描绘，龙是古人由于对自然界的恐惧和崇拜而想象出来的图腾，它威风凛凛、张牙舞爪的形象活跃于水、陆、空之中，超越了时空条件的限制。随着人类社会生活的发展，人们表达敬畏、祭祀的活动日益纷繁，逐步形成种种固定的模式，这些固定的模式最后终于形成为礼仪的规范。

你知道吗？

在中国古代，人们对伏羲氏和神农氏的崇敬，是因为他们在与自然界的斗争中，教会人们种植农作物；对大禹的崇敬，也是因为他为百姓治水；对尧、舜的崇敬，则是因为他们率领人们与自然界斗争并且形成了人类最初的"社会秩序"。

2. 源于协调人类的相互关系和约定俗成

人类为了生存和发展，在与大自然抗争的同时，人类的内部关系，如人与人、部落与部落、国家与国家之间的关系也是人类面临的必须解决好的问题。在群体生活中，男女有别、老少各异、扶老携幼、爱护弱小既是一种天然的人伦秩序，又是一种需要保证和维护的秩序。可以说维持群体生活的自然人伦秩序是礼仪产生的最原始动力。在此基础上，礼仪扩大到人际关系的其他方面。另外，礼仪在许多情况下并不是哪个人创造的，往往是在人与人的交往过程中，在社会生活中共同认定而形成的，并被大家一致遵守和沿用的，所以礼仪是约定俗成的。

1.2.2　礼仪的发展

伴随着人类社会的产生和发展，礼仪也经历了一个由无到有，由低级到高级，不断变革的漫长历史时期。不同的历史阶段，不同时期的礼仪有着十分显著的特征。

1. 礼仪的初起阶段

原始社会时期，人类还处于蒙昧的状态，生产力水平低下，人际关系十分简单，礼仪也非常简朴。但是原始的政治礼仪、宗教礼仪、婚姻礼仪等已经在夏朝产生之前的这个时期初见雏形，例如，新石器时代男女成年时即在家中按性别分配好各自的柱子前举行成人仪式，炎黄时期的阶级社会已经形成君臣礼仪，尧舜时代民间交际礼仪已普遍运用，这些礼仪无不体现了我国原始社会礼仪的发展。

2. 礼仪的形成阶段

礼仪的形成阶段大约是在公元前 21 世纪到公元前 771 年的夏、商、周三代时期。周代的一个叫旦的人把它们收集整理在一起，制造出了一套比较完整的礼仪典范，这就是后人所说的《周礼》。《周礼》、《礼记》、《仪礼》统称为"三礼"，这是一部关于各种礼制的百科全书。其中《周礼》偏重政治制度，《礼记》偏重对礼的各个分支做出符合统治阶级需要的理论说明，《仪礼》偏重行为规范。由这"三礼"所涉及的各种礼制的总和，可以说涵盖了中国古代"礼"的主要内容。

3. 礼仪的变革与强化阶段

春秋时期，孔子进一步宣扬礼仪，他在《周礼》的基础上结合鲁国的实际创造了更加适合当时社会的礼仪，并游说列国采用他的礼仪来治理国家，但是当时并不被各国领导者所接受，为此他奔走游说各国，郁郁不得志，抱恨而终。秦朝过后，孔子的学说逐渐成了后来各个王朝治国的经典，成了统治、剥削和镇压老百姓的专政工具。这样，礼仪就成了人民的普遍行为准则。

西汉唯心主义思想家董仲舒曾总结秦王朝覆灭的教训，主张统治者采取德治和法治，在孔子儒家思想礼仪的基础上提出了"三纲"、"五常"的学说。"三纲"即"君为臣纲，父为子纲，夫为妻纲"，"五常"即"仁、义、礼、智、信"。董仲舒的学说，在漫长的封建时代一直作为人们的礼仪准则。直到清朝末年，尤其是民国时期，西方文化大量传入中国，传统礼仪制度和规范逐渐被时代所抛弃，科学、民主、自由、平等的观念深入人心，新的价值观念和礼仪标准才得以传播和推广。

4. 现代礼仪

这一阶段大约从 1911 年民国初期直到现在。这一时期大致经历了两个阶段，首先是半殖民地半封建社会的礼仪；其次是新中国成立以后，新型的社会关系和人际关系的礼仪。在半殖民地半封建社会，中国由于西方侵略者的侵入，西方文明与中国文化的融合，形成了中西合璧的礼仪大杂烩。1949 年以后，中国的礼仪进入了一个崭新的时期，人民当家作主而成为国家的主人，由此建立起来的平等、亲密的同志关系和新的礼仪风范，反映出社会主义社会的道德风尚和时代风貌。虽然在这一阶段，优良的民族传统，良好的礼仪礼俗，被作为"封资修"货色扫进垃圾堆，但是，改革开放的大潮使礼仪获得了新的生命，在学习和借鉴西方礼仪的同时形成了现代礼仪。

小测试

（1）我国礼仪经过了哪几个阶段？
（2）中国现代礼仪的最大特点是什么？

1.3　中西方礼仪的差异

　　随着经济全球化的不段发展，中国同世界各国交流的不断深入，我们应该在熟知中国礼仪及特点的基础上，了解并掌握西方礼仪及特点，使我国礼仪规范更加符合国际惯例的要求。

1.3.1　社交方式的差异

　　东西方文化都非常重视人际交往，但在交往的观念、交往的方式上都有着明显的差别。例如，中国人热情好客，在人际交往中饱含热情，对待他人问寒问暖，似乎没有什么可保留的，了解对方的有关年龄、职业、收入、婚姻状况、子女等问题，觉得都理所当然。而在西方国家中，特别重视对方的隐私权。个人稳私主要包括以下几方面：个人状况（年龄、工作、收入、婚姻、子女等）、政治观念（支持或反对何种党派）、宗教信仰（信仰什么宗教）、个人行为动向（去何种地方，与谁交往、通信）等。凡是涉及个人隐私的问题都不能直接过问。西方人一般不愿意干涉别人的私生活和个人隐私，也不愿意被别人干涉。例如，中国人会直接询问别人所买物品的价格。因为在中国人看来，物品的贵贱只是表示该物品的质量。而在西方人眼里，如果你直接询问别人所购物品的价格，就可能是探问对方的经济条件，因此，这也是西方人的隐私，属于不宜直接询问的问题。如果你想了解该物品的价格，只能委婉地夸耀、赞赏该物品，而这样的情况下西方人一般也只告诉你该物品的贵或贱，一般不会告诉你准确价格。概而言之，这都是东西方文化观念差异所致。东方人非常重义、重情，西方人则崇尚个人独立。

你知道吗？

中国人的空间距离相对较近。我们在大街上经常可以看到两个中国少女挽臂亲昵而行，而在西方则很少见到。西方人觉得中国人过于亲近，而中国人又会觉得西方人过于冷淡、傲慢，过分疏远，是不友好的表现。比如中国人发现交际对方的衣服上有根线头，他会很自然地帮助对方择掉；而在西方人眼里，这是不礼貌之举。

1.3.2　人生观的差异

西方人崇拜个人奋斗，尤其为个人取得的成就而自豪，从来不掩饰自己的自信心、荣誉感以及在获得成就后的狂喜。相反，中国文化却不主张炫耀个人荣誉，提倡谦虚谨慎。一般来说，中国人大多反对或蔑视王婆卖瓜式的自吹自擂，然而中国式的自我谦虚或自我否定却常常使西方人大为不满。

中国人主动帮助别人或接受别人帮助在西方往往就成为使西方人难堪的事，中国人的行为准则是"我对他人、对社会是否有用"，个人的价值是在奉献中体现出来的。中国文化推崇一种高尚的情操——无私奉献。在中国，主动关心别人，给人以无微不至的体贴是一种美德，因此，中国人不论别人的大事小事，公事私事都愿主动关心，而这在西方则会被视为"多管闲事"。

西方文化鼓励人民开拓创新，做一番前人未做过的、杰出超凡的事业。而传统的中国文化则要求人们不偏不倚，走中庸之道，中国人善于预见未来的危险性，更愿意维护现状，保持和谐。当然，近年来我国也大力提倡创新改革，但务实求稳之心态仍处处体现。冒险精神仍是不能与西方人相比的。

你知道吗？

西方人自我中心意识和独立意识很强，主要表现在：（1）自己为自己负责。在弱肉强食的社会，每个人生存方式及生存质量都取决于自己的能力，因此，每个人都必须自我奋斗，把个人利益放在第一位。（2）不习惯关心他人，帮助他人，不过问他人的事情。

1.3.3　法制观念的差异

东方文化以儒家思想为代表，而儒家思想重义轻利。为了兄弟朋友的情义，可以网开一面，甚至不惜一切代价，其结果往往是行为过头，丧失了更多的应得利益。我们中国人先讲合情，再讲合理，然后讲合法。若合法而不合情合理，这法就难以执行，若合情合理，有法也可以不依。而西方人则是倒过来的。西方人重法，不重人情。法在理前，理在情前。我们时常看到西方父子之间、夫妻之间、朋友之间到法庭打官司。有些事明明不合情不合理，但合法，吃亏者也只有自认倒霉，旁观者也只能容忍。但若有的事不合法，即使合情合理，西方人也会争论不休，在讲情理的中国，人情味浓厚，什么事都可以想想办法，托托人情，走走关系，这是一种自然保险系统。因此在中国，人事关系极为重要，但也容易产生不公正。在讲法理的西方国家，人情似纸，相互之间可说是"鸡犬之声相闻，老死不相往来"。有什么矛盾，双方先讲理，再由法庭评判，简单明了。西方人虽淡薄人情，却十分讲公正、平等，即使是一介草民，只要是真正合理合法，就是同总理打官司，他也照样可以打赢。可在中国人看来，在西方国家生活的人，有点像在广寒宫里，富裕、清明、漂亮，却有一般寒冷之感。尤其是老人，非常孤独。

1.3.4　社会习俗的差异

在东方文化中，男士往往备受尊重，这主要受封建礼制男尊女卑观念的影响。在现代社会，东方文化也主张男女平等，但在许多时候，男士的地位仍然较女士有优越性，女士仍有受歧视的现象。在欧美等西方国家，尊重妇女是其传统风俗，女士优先是西方国家交际中的原则之一。随着东西方文化交流的加深，西方的女士优先原则在东方国家也备受青睐。东西方文化的交融，也使东西方礼仪日趋融合、统一，更具国际化。例如，在处理长幼关系时，以中国为代表的东方国家对待长者特别尊敬、孝敬。在许多中国人看来，如果老人有子女，年老时子女把老人送到养老院或敬老院去生活，这就是不孝，过年过节儿女一般要和老人一起过，甚至在中国农村一些地方，过年时，晚辈都要给长辈行跪拜礼。而在西方国家，由于崇尚独立，儿女成年后和父母间的来往则越来越少，致使许多老人时常感到孤独，晚年生活有一种凄凉感。

你知道吗？

无论在何种公共场合，男士都要照顾女士，比如，握手时，女士应先伸手，然后男士才能随之；赴宴时，男士要先让女士坐下，女士先点菜，进门时，女士应先行；上下电梯，女士应在前行……

1.3.5　等级观念的差异

中国文化中等级观念十分强烈。无论是在组织里，还是在家庭里，忽略等级、地位就是非礼。尽管传统礼制中的等级制度已被消除，但等级观念至今仍对东方文化产生影响。在中国，传统的君臣、父子等级观念在中国人的头脑中仍根深蒂固。父亲在儿子的眼中、教师在学生的眼中有着绝对的权威，家庭背景在人的成长中仍起着相当重要的作用。另外，中国式的家庭结构比较复杂，传统的幸福家庭是四代同堂。在这样的家庭中，老人帮助照看小孩，儿孙们长大后帮助抚养老人，家庭成员之间互相依赖，互相帮助，密切了亲情关系。在西方国家，除了英国等少数国家有着世袭贵族和森严的等级制度外，大多数西方国家都倡导平等观念。特别在美国，崇尚人人平等，很少人以自己显赫的家庭背景为荣，也很少人以自己贫寒出身为耻，因他们都知道，只要自己努力，是一定能取得成功的。正如美国一句流行的谚语所言："只要努力，牛仔也能当总统。"在家庭中，美国人不讲等级，只要彼此尊重，父母与子女可直呼其名。他们的家庭观念往往比较淡薄，不愿为家庭做出太多牺牲。

　　当然，中西方文化的不同导致的礼仪上的差异还有很多，比如在服饰礼仪、进餐礼仪等方面。总之，中西方之间有各自的文化习惯，由此也产生了不少不同的交往习惯。因此，随着我国经济的发展和对外交流、贸易的不断增加，我们不但有必要在与外国人交往或者前往别的国家去之前，了解对方国家的礼仪习惯，而且必须加强专业礼仪人才的培养，提高全民礼仪意识，这不仅是对对方的尊重，也会给我们自己生活、工作带来便利，不但能避免了不必要的麻烦与误会，还能在现代社会的多方竞争中争取主动，取得良好的结果或效益。

小测试

（1）中西方礼仪包括哪几方面的差异？
（2）举例说明中西方在社会交往方面的礼仪差异。

第2章 个人礼仪

学习重点

● 仪容的基本规范。

● 仪表的基本规范。

● 仪态。

● 语言。

你知道吗?

一位广告设计师做了一个实验。结果发现一个相当有趣的现象,那就是,急驰在高速公路上的驾驶员眼睛从一块广告牌转移到下一块广告牌的时间相隔仅仅4～6秒钟,就可以掌握广告牌所要传达的信息。

同样当你初次与人会面时,会不自觉地立刻去估量对方,把看见对方最初6秒钟的印象输入脑海,并从中尽量抓取可用的信息,以便立刻判断对方究竟是何等人物。素昧平生的人,就是遵循着这般急切的速度,尝试着认识彼此。

2.1 仪 容

个人礼仪包括人的仪容、仪表、姿态、风度等。仪容泛指人的外观、容貌,包括头发、面部等,也是实施个人礼仪的第一步。仪容不仅会引起交往对象的特别关注,而且可以影响到交往对象对其行为主体的评价。

良好的职业形象,离不开仪容之美。虽然美丽容貌在很大程度依赖于遗传,但后天的、适当的修饰以及保养,也有举足轻重的作用。同时,只有心情舒畅,并保持积极向上的、健康的精神状态,才会使之趋于完美。

2.1.1 仪容修饰应从头开始

1. 头发整洁

头发护理的基本要求应遵循"三不"原则,即做到不能有味、不能出绺、不能有头皮屑。

2. 发型得体

发型不仅反映着一个人的修养和审美品位,同时也是一个人形像的核心组成部分。发型的修饰要整洁、规范、同时应根据自己的脸型、体型、年龄、发质、气质选择与自己职业和个性相配合的发型,以增强人体的整体美。

男士的发型应给人以得体、整齐,略显成熟、稳重的感觉。在重要的工作场合,男士头发一般不可太短也不要太长,其标准是:前发不附额,侧发不掩耳,后发不及领，不留大鬓角（图2.1）。同时，经常清洗、修剪和护发都是必不可少的，干净整洁是男士留给人最好的印象，6周修剪一下发型是比较理想的频率。

女士的发型，应清秀典雅给人以持重、干练、成熟的感觉。留长发的女士，在上班或重要场合中，应遵循前不遮眉、后不过肩的原则，以束发、盘发或短发为宜（图2.2）。

不同脸形的人应根据自己不同的特点选择的不同发型。

圆脸形的人，五官集中，额头与下巴偏短，双颊饱满，可选择垂直向下的发型。顶发若适当丰隆，可使脸形拉长。宜侧分头缝，以不对称的发量与形状来减弱脸形扁平的特征。面颊两侧不宜隆发，不宜留头发帘。

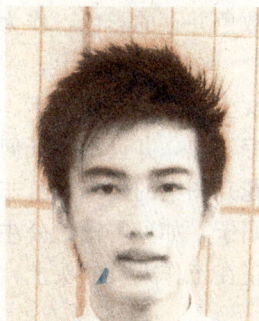

图 2.1　男士发型

方脸形的人，面部短阔，两腮突出，轮廓较为平直。在设计其发型时，应重点侧重于以圆破方，以发型来增长脸形。可采用不对称的发缝、翻翘的发帘来增加发式变化，并尽量增多顶发。但男士勿理寸头，耳旁头发不宜变化过大。额头不宜暴露，不宜采用整齐平整的发廓线。

长脸形的人，往往会给人以古典感，脸形较美。应重在抑"长"。可适当在两侧增多发容量，削出发式的层次感，顶发不可高隆，垂发不宜笔直。

"由"字形脸的人，额窄而腮宽，俗称三角形脸。在设计发型时，应力求上厚下薄，顶发丰隆。双耳之上的头发可令其宽厚，双耳之下的头发，则可限制其发量，前额不显裸露在外。

图 2.2　女士发型

"甲"字形脸的人，额宽而颚窄，俗称倒三角形脸。在做发时，宜选短发型，并露出前额。双耳以下发容量宜适当增多，但切勿过于丰隆或垂直。选择不对称式的发型，效果通常不错。

六角形脸的人，主要特征是颧骨突出。做发时，适于避免直发型，并遮掩颧骨。在做短发时，要强化头发的柔美，并挡住太阳穴。女士在做长发时，则应以"波浪式"为主，发廓轻松丰满。

3. 美发适度

美发过程主要包括正确护发、适当染发、慎重烫发、佩戴假发、佩戴帽子和发饰修饰等多个环节。

要保养好头发，就要有意识地使之免于接触强碱或强酸性物质，尽量防止长时间曝晒，避免食用过量辛辣刺激之物。少吃油性大的食物，多吃含碘丰富的食品。欲使头发乌黑发亮，则适宜多吃蛋白质和富含维生素、微量无毒的食物，尤其是要多吃核桃之类的坚果、黑芝麻之类的"黑色食品"。此外，烟、酒对头发的危害，则尤为严重。

在装饰头发的时候，应本着得体、适度的原则。一般来说，我们如果打算把自己的头发染得更黑一些，是比较正常的。因为它既是"人之常情"，也符合中国人传统的审美习惯。然而若是执意把自己的黑头发染成黄、红、绿、蓝等各色，甚至将其染成数色并存的彩色，作为学生则与自己的身份未免不相符。

在工作岗位上，一般情况下，不宜使用彩色发胶、发膏。男士不宜使用任何发饰。女士在必须使用发卡、发绳、发带或发箍时，应使之朴实无华。其色彩宜为蓝、灰、棕、黑，并且不带任何花饰。绝不要在工作岗位上佩带彩色、艳色或带有卡通、动物、花卉图案的发饰。若非与制服配套，在工作岗位上是不允许戴帽子的。各种装饰性的帽子，如贝雷帽、公主帽、学士帽、棒球帽、发卡帽，或是用以装饰的裹头巾，戴在正在工作人员的头上，都是显得很不协调、很不相称。

2.1.2　仪容修饰应讲究面子

人们修饰面部，是为了使其容光焕发、充满活力，给对方留下良好的印象。

面部修饰的基本要求应体现洁净、健康、自然。男士不得蓄须，脸部要清爽宜人，口气清新。女士则不宜抹太多胭脂，只宜稍作修饰，淡扫娥眉，轻涂口红，轻抹胭脂便可。在工作岗位上宜做到淡妆上岗，忌浓妆艳抹。

1. 化妆修饰

化妆属于消极美容，我们更提倡积极美容。但不是每个人都天生丽质，有时候我们也会由于生病、劳累等原因而导致面容失色，恰到好处的化妆能弥补这些缺陷。在社会场会，化妆也是一种礼貌。日常生活中，化妆应以淡妆为主。

（1）简易化妆步骤：

① 了解皮肤性质，选择合适的化妆品。

② 净面：使用洗面乳或温水。

③ 基本化妆：涂化妆水→抹粉底霜→上粉底→扑化妆粉（也可不用）。

④ 眼部化妆：画眼线→涂眼影→涂睫毛膏（稀疏、浅淡者宜用）。

⑤ 眉的化妆：了解自己的脸形→从眉腰往两边斜画，棕、灰色成型，黑色点眉腰。

⑥ 染颊红：浅施轻染。肤色不好者宜用。

⑦ 唇的化妆：描画轮廓→涂染色，稍淡→纸巾轻按。

⑧ 鼻的化妆：鼻影晕染以增强立体感。

（2）化妆禁忌：

①不分场合、随意化妆。

②不重维护、残妆示人。

③妆面离奇、风格怪诞。

④胡涂乱抹、技法错误。

⑤评论他人妆扮、乱用他人化妆品。

2.1.3　局部修饰

1. 颈部的美化

有人说，数一数颈部的褶皱，就知道他（她）衰老的程度。平时我们应保持颈部皮肤的清洁，加强颈部的运动与营养按摩，一般从 20～25 岁开始，做到尽早预防，尽早护理，才能延缓衰老（图 2.3）。

图 2.3　颈部按摩

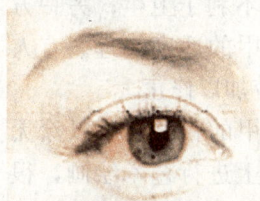

2. 眼部的修饰

（1）眼部保洁。一方面，眼部的分泌物要随时注意清除；另一方面，要注重休息，缓解眼睛疲劳，防治眼病的发生，使目光清澈有神（图 2.4）。

图 2.4　眼部修饰

（2）眼部的装饰。佩戴眼镜、墨镜都是为了美观、舒适、安全和方便，但不能过于时尚夸张。在室内、公众场合都不适宜佩戴墨镜，避免给人留下拒人于千里之外的不良印象。

3. 耳部的修饰

耳部除垢与耳毛修剪是平时个人卫生清洁的一个重要组成部分，应定期清理和修剪。在工作岗位上佩戴耳饰时，宜简洁庄重，不可选择过多、过大的耳环、耳钉。

图 2.5　鼻部修饰

4. 鼻部的修饰

我们应保持鼻腔的清洁，不要让异物堵塞鼻孔；去除异物或鼻涕时应回避他人，并保持环境的整洁干净。在参加社交应酬之前，应该先检查鼻子外部的"黑头"是否清理干净，鼻毛如果太长应该修剪，不要当众挤弄和拔取（图 2.5）。

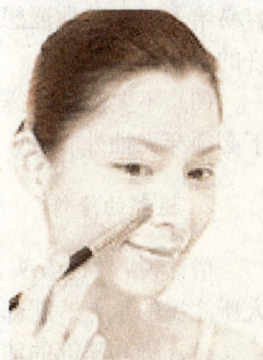

图 2.6　唇部色彩

5. 口腔和唇部的修饰

口腔最重要的是要无异味。要想保持一个良好的个人形象，牙齿的清洁要坚持"三、三"制，即每日三餐后的 3 分钟内要漱口。尽量避免在会客或工作前进食有异味的食物，如葱、蒜、韭菜、海鲜等。一旦发现自己有口腔异

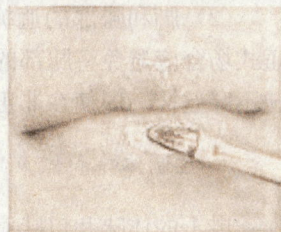

味，应及时使用漱口水或喷剂清除异味，以保证口腔气息的清新。嘴唇的色泽也是人体健康程度的一个反映，我们可以通过调理或化妆，以保持嘴唇红润有光泽（图 2.6）。

2.1.4 不可忽视肢体和其他部位的修饰

1. 手部的修饰

手也是能显露人体高雅的重要部位，在人际交往中，手及手臂所展现的肢体语言是最多最丰富的。

关于手及手臂的修饰需注意以下事项：

（1）不留长指甲。在工作场合不宜留长指甲。一方面，由于工作的需要，比如，打字员如果留着长指甲不便操作，而服务行业如果留着长指甲则不利于卫生；另一方面，工作时留着长指甲容易转移注意力。在正式场合，要保持指甲的适度修理。有人习惯将小指指甲留长；有的人当众剪指甲，这些都是不良举止，应加以修正。

（2）不涂画艳妆。工作时不应涂艳丽的指甲油。出于养护指甲的目的，可以涂无色指甲油。如果为了美观和时尚在指甲上涂彩色指甲油或在指甲上进行艺术绘画，很容易给人造成其他遐想。在手臂上刺字、贴画、纹身对于八小时上班族来说更是不允许的。

（3）不要腋毛外露。工作时最好不要穿无袖外衣以免露出腋窝，但某些特殊情况下必须穿无袖外衣时，应注意剃去腋毛不使其外露。

2. 腿部的修饰

俗话说："远看头，近看脚，不远不近看中腰。"可见，腿部在近距离范围内是他人所注视的重点。腿部的修饰包括：

（1）脚和腿部的清洁。平时，我们应注意保持脚部的卫生，勤洗脚，勤换袜子、鞋子，保证脚部无异味。脚指甲要勤于修剪，最好每周修剪一次。

（2）脚和腿部的遮掩，我们要做到"四不"：不光腿，不光脚，不露趾，不露跟。正式场合应避免将腿部的皮肤暴露在外，即男士不允许穿短裤，女士着裙装不允许光腿不穿丝袜。即使在非正式场合穿着露腿的服装，也应先脱去或剃去腿毛。

3. 控制体味和体声

男士的体味和口味宜保持清新，不得有汗味、异味；女士的体味和口味宜自然芬芳。使用香料（香水）遮盖不雅体味时，不要使用过于强烈气味的产品。

在社交场合要发出咳嗽、打喷嚏、打哈欠、清嗓、打嗝等异响时，应尽量控制，如不慎弄出了声响，应用手绢捂住口鼻，面向一侧，避免发出大声，并道声对不起。

小测试

（1）观看1～2部与"美容与化妆"内容有关的电影。

（2）学习化妆技巧，对镜试妆。

（3）对照要求，刻意规范自己的卫生习惯。

2.1.5 感知训练

良好的个人卫生习惯不仅是指人们勤洗澡，常刷牙，修剪指甲，还应经常梳理头发，并注意在个人仪容方面的修饰。它包括头发、鼻毛、胡须、腋毛、牙齿、指甲、体味、体声等方面的内容。

（1）在公共场合应表现出良好的卫生习惯。

①不当众梳洗：特别忌梳理头发，修指甲和化妆，清理耳朵、眼睛、鼻子、牙齿。最好带面巾纸擦汗、眼、鼻，且不乱丢，整理好、放好。

②避免从身体发出异响、异味。打喷嚏、咳嗽，应转头避人，用手绢捂口鼻，并在回头面对时，应先向人轻声说：对不起。打嗝，应小声说：请原谅。打呵欠，无论用什么方式，都是失礼。出声，动作夸张，更失礼。放气，应避人。

③不用手抓挠身体的任何部位。最好不摸手、抠弄手指、碰双膝、敲打桌椅、抠鼻、抠耳、剔牙等。

④禁止吸烟。公共场合，应自觉禁烟。若地方允许，应注意标志，且考虑是否会影响他人。不乱吹烟，烟灰要弹入烟灰缸内，注意防火。

（2）应定期检查仪容。

牙缝里是否嵌有异物；化妆是否走样；口气是否清新；香水、剃须水是否适量；肩上有无头皮屑……塑造良好的职业形象，展示仪表风度之美，离不开仪容美。

2.2 仪 表

仪表美归根结底是为了显示人体美，所以也是人外在美的组成部分。仪表装饰有发饰、面饰、首饰、胸饰、腰饰、服饰等。服饰美不仅表现人的外在美，还体现着人的精神面貌。仪表美和内在美的关系比仪容美和内在美的关系更密切。

仪表，即人的外表，包括容貌、举止、姿态、风度等。在政务、商务、事务及社交场合，一个人的仪表不但可以体现他的文化修养，也可以反映他的审美情趣。穿着得体，不仅能赢得他人的信赖，给人留下良好的印象，而且还能够提高与人交往的能力。相反，穿着不当，举止不雅，往往会降低了自己的身份，损害自己的形象。

2.2.1 服装类别与着装要求

不同社交场合，对服装的要求是不同的，比如，参加宴会、晚会等重要社交活动的服装与郊游、运动或家居休息时的服装，有很大区别。

1. 社交、礼仪、办公场合

（1）在正式的社交、礼仪场合，西装一般穿黑色和深蓝色的三件套晚礼服，并配白色衬衫、黑色领结或领带、黑皮鞋，有时在衣领驳头上的扣洞中还可别一枝鲜花或在胸袋前装有装饰性衣帕，不同时期其装饰品也会有所变化。晚礼服一般用于晚间宴会或外交场合，有正式、略正式之分，在款式上没有固定的格式，但都有高格调和正统感。欧洲女士晚礼服的特点是露出肩、胸、背，无袖，也有紧领、长袖的式样，长至脚边。多选用丝绸、软缎、织锦缎、麻丝、花瑶等面料加工制作。如果装饰物合理，会显得格外漂亮雅致。欧洲男士的晚礼服一般是燕尾服套装。

图 2.7 晚礼服

正式服装中还有晚会服、酒会服、婚礼服等。参加婚礼仪式的宾客应穿正式的酒会服；若气氛轻松，可以穿丝绸类套装、连衣裙等以表示对主人的尊重，其次为了表明结婚仪式的庄重，应注意不要采用色彩过于抢眼的服装，以免喧宾夺主（图 2.7）。

（2）办公场合穿的服装主要指职业服装或工作服。在办公场合，无论办公性质有何不同，在服装上都不宜花哨，色调上应以含灰的隐艳色为主，总体上要简洁、大方、素雅、稳重。如选择上下装色泽、色素差别不大的搭配式西服、外套类，则可形成层次感。深色西服，外套宜配浅色衬衫、深棕色领带；浅色西服，外套宜配中色衬衫、深色领带。同时在面料的质感上差异性也不应太大，要协调。若在服装的色彩上过于素雅，则可通过领带等来活跃服装气氛。海蓝色、白色衬衫在办公场合则会更具风采。职业服装应适合各自职业的性质、工作环境，实用又便于活动，给人整齐划一、美观整洁之感，能振奋人心，增强职业自豪感。

2. 非正式的休闲、居家、出门、旅游场合

在非职业性活动场所穿着的服装，要尽量适合都市流行气息，充分发挥服饰搭配的个性。色彩宜明亮些、丰富些。利用中灰程度的裤子、黑棕色皮鞋与任何类型的服饰搭配，是产生服装稳定性的最佳手段，并且也易于与服饰搭配。

休闲服比礼服随便得多，上街购物、看电影、会见朋友都可以穿。休闲服在很大

程度上受流行趋势影响，是时装的重要组成部分。每个人可根据自己的爱好及自身的客观条件选择各式各样的休闲服，但穿着时一定要注意到它是否符合将参加活动的环境与气氛。面料可选用毛、丝绸、化纤等，并可根据季节的变化而变换。家居服应与家庭的气氛相称，适用于做家务、休息，应随便、舒适、轻松、活泼。早晚穿着的有晨衣、睡衣等，但不能穿这类衣服会客。外出旅游与运动时的服装最重要的是要舒适、实用、便于活动。

2.2.2　服饰搭配技巧

人的身材有高矮之别，形体有胖瘦之分，肤色有黑白之异，容貌有美丑不同。这些外在条件对于一个人的风度的影响虽不及内在条件显得重要，但也是很有影响的。因此，我们在服装选择上要懂得通过着装掩蔽缺点，发扬优点，使自己的风度更加文雅大方，从而在社交场合中显示出超凡脱俗、应付自如的风采。

1. 仪表服饰应注意的事项

（1）注重协调。

所谓仪表服饰的协调，是指一个人的仪表要与他的年龄、体形、职业

图 2.8　古典型

和所在的场合吻合，对于不同年龄的人来说，有不同的穿着要求，年轻人穿着应鲜艳、活泼、随意一些，体现出年轻人的朝气和蓬勃向上的青春之美。而中、老年人的着装则要注意庄重、雅致、整洁，体现出成熟和稳重。

图 2.9　前卫型

对于不同体型，不同肤色的人，就应考虑扬长避短，选择合适的服饰。职业的差异对于仪表服饰的协调也非常重要。比如，教师的仪表服饰应庄重，学生的仪表服饰应大方整洁，医生的穿着也要力求显得稳重而富有经验。当然，仪表服饰也要与环境相适应，办公室的仪表服饰与在外出旅游时的仪表服饰当然不会相同。同时，不同国家、不同民族因其文化背景、地理环境、历史条件、风俗人情不同，在服装上会显示出不同的搭配与特点（图 2.8、图 2.9）。

（2）注意色彩搭配。

暖色调（红、橙、黄等）给人以温和、华贵的感觉，冷色调（紫、蓝、绿等）往往使人感到凉爽、恬静、安宁、友好，中和色（白、黑、灰等）给人平和、稳重、可靠的感觉，是最常见的工作服装用色。在选择服

图 2.10　自然型

装外饰物的色彩时，应考虑到各种色调的协调与肤色。

　　①服饰颜色搭配合理、恰当，会给人以整体和谐，舒展的感觉；如果搭配得不恰当，则会使整体美、和谐美受到破坏。一般而言，一次着装不要超过三种颜色，否则会给人杂乱无章的感觉。肥胖的人适合穿着颜色较深的服装，也可以选用颜色反差小、质地好、垂直线条多的面料，避免穿紧身衣，也不要戴大首饰；瘦人则恰恰相反，适合穿戴颜色浅淡一些的服饰，如果是女士，也可以选用颜色鲜艳，款式宽松，质地粗糙的面料。小个子的女士可选用颜色一致的紧身、小花、线条少、开小领的服装；高个子的女士上衣最好穿得淡雅些，下身则可以穿较深的颜色，穿长裙子会比穿短裙好看（图2.10～图2.12）。

　　②服饰的色彩还要与个人的性格、喜好、职业相结合。有些人喜欢的颜色不一定符合他（她）的个性，不一定适合于他（她）的职业、身份，也不一定适合他（她）的肤色，因此，服饰的颜色选配要灵活运用。

图2.11　优雅型

你知道吗?

　　曾经有一位在美国北部工作的女推销员，习惯于穿着深色套装，手提一个男性公事包。不久，她调到阳光灿烂的南部加洲，仍然以同样的装扮去推销产品，结果业绩不够理想。后来她改变了装扮，穿戴色彩淡雅的套装，换了一个女性化的皮包，这样装扮使她看起来更有亲和力，着装的改变使她的业绩提高了很多。可见，着装在讲究端庄稳重的同时，也要考虑的因素。

　　③特殊的场合的服饰颜色，其选择搭配也很重要。如应试、应聘时，颜色要选用淡雅、沉稳的黑色、深蓝色、深灰色等，以表现出庄重、整洁和规范的形象，给人以成熟、干练、稳重、利落的印象。约会、作客、赴宴时要根据时间安排的不同进行不同服饰颜色的选配。套装配色，最有利的是蓝色衬衣配米色套装；蓝色衬衣配蓝色套装；深蓝色衬衣配浅灰色套装。

　　2. 仪表着装的原则规范

　　(1) 成功的着装。

　　服装不是一种没有生命的遮羞布。它不仅是布料、花色和缝线的组合，更是一种社会工具，它向社会中其他的成员传达出信息，像是在向他人宣布说："我是什么个性的人？我是不是有能力？我是不是重视工作？我是否合群？"

图2.12　浪漫型

　　旧时代的女性注重服装的动机较单纯，其目地无非只是为想获得他人的赞美，或是增加对异性的吸引力。在讲求男女平等的时代里，女人处处希望与男人平等竞争，

从传统的家居女性向职业女性转变，简单追求外表的性吸引，已并不能满足这些职业女性的需求，女性竞争者在着装方面必须要更具道德魅力、审美魅力、知识魅力及行为规范的魅力，服装无形中为协调人际关系、提高工作效率，增加职位升迁的机会，起到了良好的协调作用。

你知道吗？

　　有位女职员是财税专家，她有很好的学历背景，常能为客户提供很好的建议，在公司里的表现一直很出色。但当她到客户的公司提供服务时，对方主管却不太注重她的建议，她所能发挥才能的机会也就不大了。一位时装大师发现这位财税专家在着装方面有明显的缺憾：她26岁，身高147厘米，体重43公斤，看起来机敏可爱，喜爱着童装，像个26岁的小女孩，其外表与她所从事的工作相距甚远，所以客户对于她所提出的建议缺少安全感、依赖感，她难以实现她的创意。这位时装大师建议她用服装来强调出学者专家的气势，用深色的套装，对比色的上衣、丝巾、镶边帽子来搭配，甚至戴上重黑边的眼镜。女财税专家照办了，结果，客户的态度有了较大的转变。很快，她成为公司的董事之一。

　　（2）不恰当的着装。

　　成功的职业女性应该懂得如何适当地装扮自己，但在日常生活中，职业女性的着装常会出现以下问题：

　　①过分的时髦。现代女性热爱流行的时装是很正常的现象，即使你不去刻意追求流行。流行也会左右着你。有些女性几近盲目的追求时髦。例如，有家贸易公司的女秘书在指甲上同时涂了几种鲜艳的指甲油，当她打字或与人交谈时，都给人一种厌恶的压迫感，一个成功的职业女性对于流行的选择必须有正确的判断力，同时要切记：在办公室中，应主要表现自己的工作能力而非赶时髦的能力。

　　②过分暴露型。夏天的时候，许多职业女性不够注重自己的身份，穿起颇为性感的服装。这样你的才能和智慧便会被埋没，甚至还会被看成轻浮。因此，再热的天气，也应注意自己仪表的整洁、大方。

　　③过分正式型。这个现象也是常见的。其主要原因可以说是没有适合的服装。职业女性的着装应平淡朴素。

　　④过分潇洒型。最典型的样子就是一件随随便便的 T 恤或罩衫，配上一条泛白的"破"牛仔裤，丝毫不顾及办公室的原则和体制。这样的穿着可以说是非常不合适了。

　　⑤过分可爱型。在服装市场上有许多可爱俏丽的款式，也不适合工作中穿着。这样会给人轻浮、不稳重的感觉。

　　（3）职业女性着装规则。

　　无可否认，女性在商业界的地位和信心越来越高，其工作时的服装也尤为重要。可目前为止，职业女性的着装一直是被争论的问题。在此，服装专家对职业女性的着装提出下列建议。

　　①套装确实是目前最适合女性的服装，但过分花哨、夸张的款式绝对要避免；极

端保守的式样，则应掌握如何配饰、点缀，使其免于死板之感。若是将几组套装做巧妙的搭配穿用，不仅是现代化的穿着趋势，也是符合经济原则的装扮。

②质料的讲究已经是不折不扣的事实，所谓质料是指服装采用的布料、裁制手工、外形轮廓等条件的精良与否。职业女性在选择套装时一定不要忽视它。

③过分性感或暴露的服装绝不能出现在办公室中，这会惹出不必要的麻烦。会使男同事或男上司产生非分念头，更会给人留下"花瓶"的印象，而失去升职的可能。若是看重自身的职业或事业心重的女性，千万要注意这一点。

④现代职业女性生活形态非常活跃，需要经常花心思在服装的变化上，所以，懂得如何以巧妙的装饰来免除更衣的问题，是现代职业女性必须明了的，在出门前，最好先略做安排以做万全之计。

⑤现在的穿着是讲求礼仪的，在适当的时间、地点及场所做合宜的装扮是现代女性不可忽视的。职业女性还必须注意，除了穿着应该考究以外，从头至脚的整体装扮也应讲究强调"整体美"。

⑥职业女性穿着套装固然非常适宜，但凡是能够表现职业女性应有风范的服装都可一试，在一定的规则之下，尽情享受穿着的乐趣，这是现代职业女性的权利。

小测试

(1) 正确的学生仪表应该是怎样的？

(2) 试给自己搭配不同场合的服装，对照课本，找出正确与错误的地方。

2.3 仪 态

仪态，指的是人的姿势、举止和动作，不同国家、不同民族以及不同的社会历史背境，对不同阶层、不同特殊群体的仪态都有不同标准或不同要求。在社会主义社会，提倡讲文明，讲礼貌，每个人仪态应当力求美化。注重仪态的美化有三个标准：一是仪态文明，要求仪态有修养，讲礼貌，不应在异性和他人面前有粗野动作和行为；二是仪态自然，要求仪态既规范庄重，又大方实在。不要虚张声势，装腔作势；三是仪态美观，这是高层次的要求。它要求仪态优雅脱俗，美观耐看，给人留下美好的印象；四是仪态敬人，要求力禁失敬于人的仪态，要通过良好的仪态来体现敬人之意。

2.3.1 站 姿

站姿，是一个人全部仪态的根本之点。直立是从猿到人的历程中极为庄严的一幕。直立的人类有着其他动物所没有的优美姿势。这种姿势象征着正直、高贵、优美的人类精神。

1. 基本站姿

站立时，从耳尖到肩骨、腰关节的中央、膝部的中心、脚心都应当呈一条直线，保持一种均衡姿态，自然而然地，腰部会收紧，头部抬起，下颚与地面平行。站立时尽量不倚门靠墙。肩膀要平，让一切的变化都在脚部进行。站立时腹部要往后收，但注意不要撅起臀部。站立的姿势，需要反复练习。一有机会，在乘电梯、等车、休息时都可以尝试以下系列动作，坚持 3～4 周后端庄优美的站姿就可以成形了。

站姿要诀：

（1）体重放在脚底中央稍偏外侧处。

（2）膝部要放松，略为弯曲。

（3）臀部缩回。

（4）腹部肌肉用力缩回。

（5）肋骨往上拉。

（6）肩部放松。

（7）耳朵要比肩部靠后。

（8）下颚要与地面平行。

图 2.13 站 姿

2. 不良站姿

站立时切忌东倒西歪，耸肩驼背，左摇右晃，两脚岔开距离过大。站立交谈时，身体不要倚门靠墙、靠柱，双手可随说话的内容做一些手势，但不能太多太大，以免显得粗鲁。在正式场合站立时，不要将手插入裤袋或交叉在胸前，更不能下意识地做小动作，如摆弄衣角、咬手指甲等，这样做不仅显得拘谨，而且给人一种缺乏自信、缺乏经验的感觉。男士应注意站立时双脚距离不能过大，不要一站三道弯。女士站立时，不要让臀部撅起（图 2.13）。

2.3.2 坐 姿

坐姿，是一种静态的姿势。相对于站姿而言，坐姿是较为放松的，但同样存在许多认识的误区，而且，对于大多数上班族而言，给人留下的绝大部分印象是 8 小时的坐姿，因此，良好的坐姿对我们工作来说是非常重要的。

1. 基本坐姿

坐时，臀部的骨盆具有支持体重的弹性作用，因此，背部或腰部着力的坐姿，是违反自然的。要坐在椅子的中央，腰身靠在椅背上，使臀部支持上半身的体重，背部伸直，但不能僵硬。胸部的肋骨稍稍拉高，肩部松弛垂下，下半身的坐重就放在脚部了。在自己家里你可以选择高矮适合的坐椅、沙发、凳子，坐椅太低可加一个坐垫，太高则可在前面放一把脚凳，以求舒适自在（图 2.14、图 2.15）。但在外出访客时，身体必须适应高低不同的座位。要保持坐姿的优美要注意以下事项：

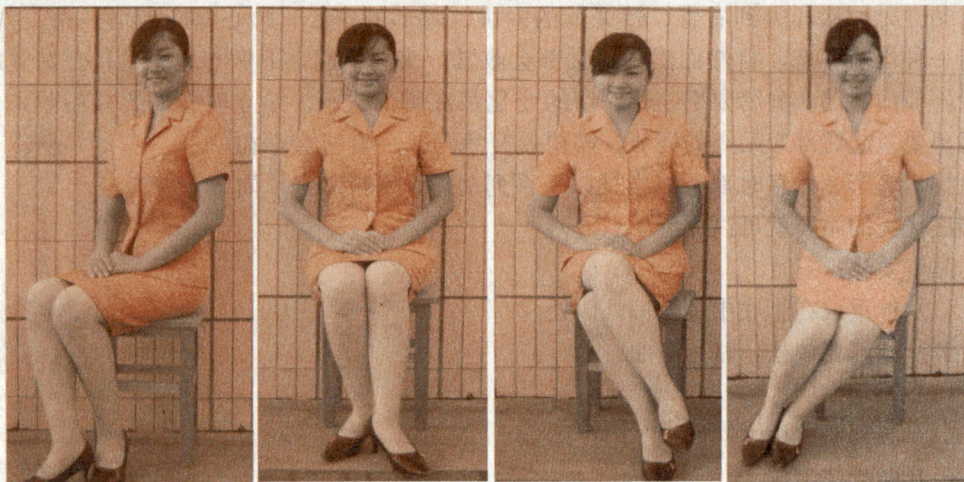

图 2.14　女士坐姿

（1）低沙发的坐法：走到沙发前，转身轻轻地坐下，臀部后面距沙发靠背约 5 厘米，背部靠着沙发，如果双脚直立，你又穿着高跟鞋的话，膝盖就会高出腰部，更优美的姿势是：双腿并拢，两膝紧靠，将膝盖偏向和你说话的人，偏的角度，视沙发的高低而定，但以大腿和上半身构成直角为原则。

（2）高椅子的坐法：上身仍要保持正和直，可翘起大腿坐。方法是：左腿微向右倾，右大腿放在左大腿上，两小腿紧靠，双腿平行，脚尖指向地面(图 2.14)。

（3）如果椅子不高不低，可以采用曲线型坐法：

图 2.15　男士坐姿

双膝并拢，两脚尽量偏向左后方，大腿和上半身构成大于 90°的角，再把右脚从左脚外面伸出，使两脚的外线双靠，这样你的身形就成了一个 S，雅致而美丽。

（4）如果要显示专心聆听对方的谈话，可以微侧身躯，但头不可太偏。

（5）双手可以轻搭在沙发扶手上，但手心不可向上。

（6）女性应当时刻记住：切忌下腿呈八字状伸开坐。男士坐的时候膝部可以分开一点，但不要超过肩宽，也不能两腿叉开，半身躺在椅子里（图 2.15）。

2. 不良坐姿

不良的坐姿会给人懒散的感觉。"蜷缩一团"的姿势会使脊柱向前弯曲，背肌受到拉扯，使腰背过度疲劳，脊柱也会失去正常的生理弯曲，其活动功能和耐受力下降，易于损伤；"半坐半躺"的姿势，会使腰部没有支撑物，腰处于悬空状态，腰部向后的压力加重，容易引起腰痛；"二郎腿"会使腿处于屈髋关节并内收的姿势，臀肌及大腿外侧的经膜受到拉扯，经常固定架起一侧腿，会使该侧腿部及大腿外侧的肌肉造成慢性损伤，从而引起腰腿疼痛。

2.3.3 行　姿

图 2.16　行姿

中国古人形容美女的步态"宛若游龙，惊若翩鸿"。确实，即使在今天，人们也认为优美的步态应当是富于动感的，如行云流水一般。同时也应自然，如同呼吸一样流畅，因此，任何矫揉造作都是与现代女性的优雅美观不相称的。

1. 基本行姿

走路的姿态是否优美，取决于步位和步度。

所谓步位，是指脚踏在地上以后应当落在什么地方。我们走路的时候，两脚轮番前进，踩的应当是一条线，而不能是两条平行线，如果踩两条线走路的话，臀部就不能自然摆动，腰部也会显得僵硬，会走成了一般人所谓的"鸭行鹅步"。我们发现，所有袅袅婷婷的步态，必然是两脚踩着一条线走的。

步度，就是指每走一步两脚间距离。一般的步度标准是一脚踩出落地后，脚跟离未踩出一脚的脚尖恰好等于你的脚长。这个标准和女性的身高关系密切，身材高的女性步度自然也大些，反之身材娇小则步度小些。应当注意：所量脚长是指穿着鞋时的鞋总长，而不是固定的赤脚长度。所以穿平跟鞋时步度会大一些，穿高跟鞋，步度就小些，这是因为高跟鞋从鞋跟到鞋尖的长度要比平底鞋短，此外，穿高跟鞋步度小一些才会雅致。

走路时除了注意步位和步度以外，还应当做到（图 2.16）：

（1）上半身保持正、直，下颚后收，两眼平视，胸部挺起，腹部后收，两脚平行。

（2）脚要以腰部为轴而移动，但腰不能摇摆。

（3）膝盖和脚踝要富于弹性，否则就会失去节奏，显得浑身僵硬。

（4）一脚跨出后，手臂要跟着摆动，但要摆得自然而轻松。

（5）让步度和呼吸配合，有规律、有节奏。

(6) 穿礼服和长裙、旗袍时，切勿跨大步。

(7) 穿长裤时，步度可以放大，以表现出活泼、生动，但是最大的步度也不要超过你脚长的 $1\frac{2}{3}$。

2. 不良行姿

(1) 踢着走：踢着走时身体会向前倾，走路时只有脚尖触到地面，然后膝盖就一弯，脚跟往上一提。踢着走的时候很少出力，很像走小碎步一般，走姿很不雅。

(2) 压脚走：与踢着走类似，但是压脚走的时候双脚着地的时间比踢脚走的时候长。走的时候身体重量会整个压在脚尖上，然后抬起来。这种走法会形成萝卜腿而影响美观。

(3) 内外八字走法：内八字会造成 O 型腿；外八字会造成 X 型腿，既影响美观也影响个人气质。

(4) 踮脚走：这样走路的人其实本意是为了使步伐更美妙，但由于过于在脚尖上用力，会使膝盖因为脚尖用力的关系而太用力于腿肚上，很容易导致萝卜腿。

2.3.4　动作体态

图 2.17　拣东西

1. 基本动作体态

日常生活中，我们的身体要摆出成千上万个动态，最常用的有以下几种：

(1) 上下楼梯。这时，头要抬高，背要伸直，肋部要挺，臀部要收，膝盖要稍微弯曲，这样膝部就能发挥弹性作用。下楼时，特别要注意，稍微趋前，这样身体弯曲的步态比较稳定，样子也好看。

(2) 上下汽车。小汽车的设计是对女士优雅仪态的一次考核，所以上下汽车时应相当小心，不至失仪。上车时要侧着身体进入车内，绝对不要先把头伸进去。应当先站在车旁，眼睛注视着前方，一边的膝盖弯曲，从腰部滑进车里，然后把另一只脚也收进去。下车时也应侧身而下，移动到靠近车门的地方，然后才伸脚出去，踏落地面，眼睛看着前方，并移动另一只脚，头部随即伸出来，立即站起来。

(3) 拣东西。拣拾落在地上的东西或去取低处的东西时，不要弯曲身体，只要利用膝部的弹性就可以了。具体动作是：站在要拣的东西旁边，弯膝去拣，不要低头，也不要弯背，慢慢地把腰部低下，拣到东西后就慢慢地把腿伸直。要记住：往下蹲拣东西的姿态不但不雅观，还会使背部紧张。对于抱小孩妇女来说，记住这种曲膝的方法尤为重要，这样既不会疲倦，背部也不会痛苦（图 2.17）。

2. 不良的动作体态

（1）当众打哈欠。这是自然现象，但是在交际场合，不能当众打哈欠，当众打哈欠会让对方误以为你对他不感兴趣，表现出很不耐烦的样子。因此，如果控制不住要打哈欠，一定要用手盖住你的嘴，并说"对不起"以示礼貌。

（2）当众挠头皮。头皮屑多的人，往往在公众场合忍不住头皮发痒而挠起头皮来，顿时头皮屑四处飞散，会令旁人感到不快，特别是在庄重的场合，这是很难得到别人原谅的。

图 2.18　随地吐痰

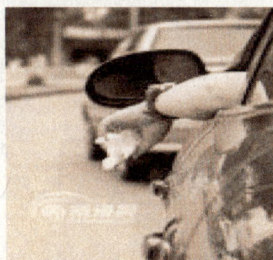

图 2.19　车窗扔垃圾

（3）当众挖鼻孔或掏耳朵。有人习惯用小指、钥匙、牙签、发卡等当众挖鼻孔或者掏耳朵，这是一个很不好的习惯。尤其是在餐厅或茶房，别人正在进餐或喝茶，这种小动作往往令旁观者感到非常恶心。

（4）随地吐痰。吐痰是最容易传播细菌的途径，随地吐痰是非常没有礼貌而且绝对影响环境、影响人们身体健康的不良行为。如果要吐痰，应把痰吐到纸巾里，丢进垃圾箱，或者去洗手间吐痰（图 2.18）。

（5）随手扔垃圾。在现代文明的社会里，城市容貌相当重要，随手扔垃圾是应当受到谴责的最不文明的行为之一（图 2.19）。

小测试

（1）什么是仪态？

（2）站姿的要诀包括哪几个方面？

（3）两个人为一组，相互观察对方的仪态，包括站、坐、走方面，并指出正确与错误的地方。

2.4 语　言

语言是人类最重要的交际工具，文字则是记录语言的符号。"语言"一词在现代社会中的应用非常广泛，其内涵更丰富，外延更扩展，如"计算机语言"、"视觉语言"、"电影语言"、"校园语言"、"网络语言"、"导游语言"等。广义的语言包括声音语言和体态语言，在社会的人际交往中，体态语言和声音语言同样重要，都起到润滑剂的作用。

2.4.1　声音语言

语言交往是指人们运用语言的功能而进行的信息传递和相互影响的过程。语言是一种人类所特有的社会现象，是一种社会交往的工具，随着社会的产生而产生，随着社会的发展而发展。人们利用语言进行交流，从而达到相互了解、相互影响的目的，并形成社会生活。

1. 声音语言的作用

语言产生于原始人的共同劳动，在劳动过程中为了达到步调一致，相互配合，就必须用一种声音来指挥或引导。语言也产生于日常生活活动，人们用不同的声音来表示不同的思想、情绪和感情，这些声音不断发展、分化，并逐渐形成了有一定规律的语言活动。随后，人们又用一种符号系统按一定的规律来表现相应的语言活动内容，即形成了文字，文字的产生使语言的发展进入一个全新的时代，并极大丰富了语言的信息传递功能。语言是人类社会存在和发展的基础，也是人际交往的重要手段。

你知道吗？

有这样一个传说，古代巴比伦人曾建造过一座"通天塔"，20 万人马每天从早到晚和泥、砌砖，把塔建得越来越高，眼看塔快要通天了。上帝知道了这件事。为了制止不速之客的到来，上帝派了 70 名天使下凡。天使受命首先夺去了人们共同使用的语言，然后，把他们分成许多小群，让每群人讲一种新语言。由于人们互相听不懂对方的话，妨碍了相互间的交往，不能形成良好的人际关系，无法协同劳动，因而工地乱成一团，工程只好停顿下来。

这个故事首先说明了人际交往在社会活动中的重要性，其次说明了语言在人际交往中的重要作用，还说明了人们使用同一种语言对语言交往的重要性。人们进行语言交往的基础是使用同一种语言，使用不同语言的人群就难以顺利地进行交往。

2. 声音语言交往技巧

在日常生活中，人们最直接、最广泛使用的语言交往方式是口头言语，即说话或交谈。虽然说话并不难，但要把话说得恰到好处，使对方能愉快地接受，对交往产生积极的影响，确实存在说话技巧的问题。

图 2.20　重要会谈

（1）说话应看对象，看场合。

在日常生活中，不同的场合、不同类型的人交谈时所使用的语气、词汇和语法是明显不同的。对上级、长辈和老师说话时应该用尊敬的语气、高雅的词汇和正规的语法；与朋友、同事交谈时应该用随和的语气、通俗的词汇和一般的语法；与情人、恋人、家人交谈时应该用亲切的语气、甜蜜的词汇和情感化的语法；医生与病人交谈时要用同情、关心的语气、通俗易懂的词汇和正规的语法（图 2.20）。

（2）先了解对方的心态再说话，以便正中下怀。

图 2.21　工作交谈

谈话时最好先了解对方的心态，说对方希望听的话，让对方觉得与你不谋而合，这样不仅容易被人接受，而且，可以很快缩短彼此间的心理距离。最怕的就是不了解对方的心态，说了对方不愿意听的话，这样会引起对方的反感。

（3）求同存异，多说"是"或"对"。不当面挖苦人，不当众揭别人的短，不当众批评别人（图 2.21）。

先肯定、接受对方的意见，这样才能使对方也接受你的意见。在交谈过程中，你可以使用这样的句式来引起对方的注意：我很赞同你的观点，当然，如果再……那就更……由于你接受了对方的意见，可以避免正面冲突，而且，作为报答，对方也会接受你的意见。

你知道吗？

北魏的高允是一个很善于处理君臣关系的人，他从来不在大庭广众之下对皇帝提意见，如果有意见要提，也是单独求见，等皇帝将身边侍奉的人都遣开以后，才痛快淋漓地陈述，毫无顾忌，毫不避讳，有时能从早说到晚。但出宫以后，便一字不提，大臣们谁也不知道他对皇帝说了些什么。因此，虽然他有时提的意见很尖锐，言词很激烈，魏主有些接受不了，但也不怪罪他，并对大臣们说："国君如同父亲一样，父亲有了过错，做儿子的为什么不写一封意见书当众宣读批评，而是关起房门私下里规劝呢？这不就是为了不让父亲的过错被外人所知吗？"

（4）说话清楚明确，既通俗易懂又不失幽默。

谈话时应使用通俗易懂、深入浅出的语言，多作形象的比喻。语言的含义要明确，不能让对方猜测，以免引起误解。保持诙谐、幽默，以免让人难堪，这样的人最受欢迎。下面这则笑话能让我们更好地理解语义含糊、让人猜测的害处（图2.22）。

图2.22　宴会交谈

有一天，一位商人邀请了几位好友到家里来做客。他让家人准备了一桌丰盛的酒菜，可左等右等就是不见客人来。后来，总算来了几位，待客人坐定后，商人开始抱怨起来："这该来的不来，真让人扫兴。"有的客人一听这话，心想：那我们岂不是不该来的却来了吗？于是，有几位客人便悻悻地借故告辞了。送走客人，商人回到席上，叹了口气说："这不该走的又走了。"剩下的客人一听，那我们不是该走的却不走吗？于是，剩下的客人也都借故离去了。

2.4.2　体态语言

体态语言即通过人体及姿态发出的无声信息，包括人们的动作、姿态和表情等。心理学家认为，无声语言所显示的意义要比有声语言深刻得多。体态语言具有形象性，它以生动直观的形象告诉别人要表达的意思，使人们的交往更富有表达性和感染力。

1. 眼神

眼睛是心灵的窗户，在人与人之间的相互交流中，眼神的交流总是处于最重要的地位。一双炯炯有神的眼睛给人以精力充沛、生机勃发的感觉；而目光呆滞，则使人产生疲惫厌倦的印象。在与别人交流时应注意注视他人的部位和注视的角度。注视对方常规的身体部位有：对方的眼睛，但时间不宜太久，否则会让人感到尴尬；对方的面部，注视他人的面部时，最好不要聚焦于一处，而以散点柔视为宜；如果没有任何理由，而注视打量对方的头顶、胸部、腹部、大腿，都是失礼的表现。总之，人眼睛的表现力是极为丰富的，总是受感情制约，只有把握好自己的内心感情，才能发挥眼神最佳的作用。

你知道吗？

印度诗人泰戈尔说："一旦学会了眼睛的语言，表情的变化将是无穷无尽的。在眼睛里，思想敞开或是关闭，发出光芒或是没入黑暗，静悬着如同落日，或者像急闪的电光照亮了广阔的天空。"他的这些话，一言以蔽之，就是说人的眼睛能够传神。

2. 笑容

微笑是一门学问，也是一门艺术。"笑"在人际交往中有着突出重要的作用。在不同的场合，面对不同的情况，如果都能微笑接纳对方，这反映个人的修养。微笑能调节情绪、消除隔阂，这是人际交往中的润滑剂。微笑，不仅在外观上给人以美感，而且会使人备感和蔼可亲。微笑的功能是巨大的，但要笑得恰到好处也是很不容易的。

你知道吗？

　　美国希尔顿酒店业创始人康纳·希尔顿在 50 多年里，不断的到世界各地的希尔顿酒店的分店视察，视察中他总是经常问下级的一句话是："你今天对客人微笑了没有？"他确信，微笑将有助于希尔顿酒店业在世界范围内的发展。他要求员工切记一个信条：无论酒店本身遭遇何种困难，希尔顿酒店服务员脸上的微笑永远是属于顾客的阳光。

小测试

（1）语言包括哪两个方面？

（2）两个人为一组，饰演陌生人交谈的场景，注意语言的艺术。

第3章 家庭礼仪

学习重点

● 家庭成员间的礼仪。

● 待客与做客。

家庭是社会的重要细胞，是社会的重要组成部分。家庭礼仪是生活中的必要礼仪。通过本章的学习，使学生了解家庭成员之间要以礼相待；邻里之间要互谅、互让、互助；待客、做客也要遵循礼仪规范。

你知道吗?

小华是职业学校的学生，今天他放学回家，妈妈在厨房里忙着。小华进门后，直接钻进房间打开电脑玩游戏。妈妈做好饭后，爸爸回来了，问："小华呢？还没回来吗？"妈妈说："还没回来呢，这孩子上学挺辛苦的，还是等他回来再吃饭吧。"于是父母两个边聊边等，半个多小时过去了，妈妈急了，打电话问班主任，班主任说："学校早就放学了。"妈妈听后，心急如焚，跟爸爸说："放学到现在已经 3 个小时了，小华该不会出什么事吧？"爸爸安慰妈妈说："别急，我去他房间查看电话号码本，打电话给他要好的同学，是不是放学后跟同学玩去了？"于是爸爸推开了小华的房门，看见小华正在电脑前玩得正酣呢！

出入要向父母打招呼，是尊重和体谅父母的具体表现。

家庭是人生的第一所学校，父母是人生的第一位老师。对于同学们来说，家庭还是我们人际交往的起始点，父母及亲友是我们最初的、也是最密切的交往对象。

家庭是我们人生的第一个港湾，我们在其中受到孕育，受到庇护，并开始了航行人生大海的准备。从这个意义上讲，家庭生活也是社会生活的提前训练。只有从家庭生活中，从与我们最亲近的家人相处中，开始学习做人的礼貌，不断提高自己的修养，养成文明的习惯，才可能进而在社会上做一个文雅、得体备受欢迎的人。

3.1 家庭礼仪的概念

3.1.1 什么是家庭礼仪

家庭礼仪指人们在长期的家庭生活中，用以沟通思想、交流信息、联络感情而逐渐形成的约定俗成的行为准则和礼节、仪式的总称。

3.1.2 家庭礼仪的作用

（1）家庭礼仪是维持家庭生存和实现幸福的基础。

（2）家庭礼仪能调节家庭成员之间达成和谐的关系。

（3）家庭礼仪也有助于社会的安定和国家的发展。

3.1.3　家庭礼仪的特点

家庭礼仪的基本特点主要表现在以血缘关系为基础，以感情联络为目的，以相互关心为原则，以社会效益为标准四个方面。

3.1.4　家庭礼仪的内容

（1）成员礼仪。成员礼仪是主要指成员之间的礼仪规范，如夫妻之间的礼仪、父母子女之间的礼仪、兄弟姐妹之间、朋友之间、邻里之间的礼仪等。

（2）称谓礼仪。称谓存在着很强的适应性和广泛性，并紧紧伴随着家庭成员之间的人际交往。称谓礼仪有两点需要特别注意：礼貌性和规范性。

（3）仪式礼仪。家庭活动中离不开某些仪式，如婚礼、葬礼等。这些仪式都有各自不同的一套行为准则与活动规范，举办者与参加者虽然所处的地位、立场不同，但其行为都应遵从或符合一定的礼仪规范和要求。

3.2　家庭聚会礼仪

3.2.1　参加婚礼礼仪

一般习俗，参加婚宴都要准备一份小小的贺礼，用红纸或专门印制的双喜字封包，里面放进适当的礼金，礼金数目根据客人的经济情况和与新郎、新娘关系的远近亲疏而定，但都要取双数，含六为"禄"，八为"发"，百为"白头偕老"的意思。

到了婚宴场所，新郎、新娘一般都在入口处迎宾，客人要上前道贺，新郎、新娘给客人献上两颗糖，取意好事成双，再给客人敬烟、点火。客人此时从容取出贺礼，送到新娘或伴娘手上。

在参加婚宴时若以实物代替贺礼相赠，要在封包和礼品上写上新郎、新娘名字和"新婚之喜"，下面书写"××敬贺"。

进入宴席，要按照主人或主持人的引导就座，如果没有人引导，可以和熟悉的亲友坐在一起，但应注意不要主动坐到"新人桌"或"父母桌"。席间取菜、吃食要讲究礼貌。新郎、新娘到各席敬酒致谢时，大家起立举杯，和新人轻轻碰杯，再道"恭喜"。

你知道吗？

参加婚礼五大戒条：
一戒：一定不要抢新娘的风头。
二戒：穿着随便衣着不整。
三戒：风言风语攻击新娘。
四戒：闹洞房时过分取笑。
五戒：敬酒发言时东拉西扯没完没了。

3.2.2　参加葬礼礼仪

由于亲人去世，丧者家属情绪都比较哀伤。为了体现自己对死者的尊重和对丧家的同情，参加丧礼时，一定要注意：保持悲伤的情绪。不能面无表情，无动于衷，更不能露出厌烦的神情甚至笑容；着深色服装（黑色为最佳），切忌穿得大花大绿，与死者有亲属关系衣袖上要戴上黑纱，与死者属朋友关系也可在胸前佩上白花；不可昂首阔步，而应微微低头，缓步慢行。讲话时声音要低沉，不可与参加丧礼的人交头接耳，讨论其他事情，甚至谈笑风生；葬礼要坚持参加到底，对死者的家属可进行劝慰，用温情关切的语言劝其节哀，此时禁言也是适宜的。

3.2.3　参加祭扫礼仪

祭奠是对已逝先人的一种纪念形式，一般可分两类：家庭祭奠和扫墓祭奠。家庭祭奠，一般在父母、祖父母的生辰或忌日时举行。通常是面对遗像，点燃馨香三柱，供奉水酒三杯，以示纪念。扫墓祭奠，一般在清明节、中秋节和春节举行。祭扫先人墓地，馨香三柱，鞠躬悼念（一般三鞠躬代替），寄托哀思。整修陵墓，一般是给坟墓培土，并整修墓道。

3.2.4　参加应酬礼仪

在家庭礼仪中常会涉及应酬客人的问题。它与个人礼仪、社交礼仪密切相关。
碰杯的位置也是有讲究的，一般你敬酒给前辈的话，你的杯子要稍微低一些，以显谦卑；如果对方刻意要求的话可以平头，切不可高于对方的杯子。碰杯的同时说上一些祝福的语言。

关于座位的问题，如果是在不同酒店的话，一般人们把面向南的位置定为主位，其他为次位，但是由于现代人的方向感不是很好，一般把面向包间进门的坐位定为主位（因为门一般是朝南开的），其他为次位。家庭聚餐中也要注意餐位（图 3.1）。

敬酒者必须自己先干为敬，以显示你的诚意。

图 3.1　家庭聚餐餐位

3.3　家庭成员间的礼仪

3.3.1　家庭成员间要相互尊重

一个家庭中，成员之间相互尊重，讲礼貌，互相体贴关心、彼此宽容体谅、以礼相待等，都是最基本的礼仪要求。

图 3.2　注重交流

图 3.3　善于感谢

（1）尊重彼此的意见和看法，遵循父母长辈的教导和帮助。（图 3.2）

在家庭生活中，我们要经常和父母长辈交流思想、生活、学习情况，尊重父母长辈的意见，做到心灵相通。

（2）父母、长辈给予自己帮助后，要善于表示感谢。感激之情既可以用行动来表达，也可以用语言来表达，后者往往是不可缺少的（图 3.3）。

（3）孝敬父母长辈，主动为他们服务（图 3.4）。关心体贴父母、承担力所能及的家务劳动，主动帮助父母洗菜、烧饭、洗刷餐具等。

（4）懂得生活的艰辛，生活要朴实节俭（图 3.5）。要理解父母的难处，不能讲吃讲穿，常常纠缠不休地向父母要零花钱。

图 3.4　体贴父母　　　　　　　　　　图 3.5　善于感谢

（5）勤向父母问候，出入不忘打招呼（图 3.6）。在家里，子女向爸爸妈妈勤问候，是尊重和体贴他们的表现。在节日或父母生日时，要送上一声亲切的问候和祝福。

（6）兄弟姐妹相处应该互相谦让，彼此爱护。现在我们大多数同学都是独生子女，但也不可避免会与自己的堂兄堂妹、表姐表妹在一起生活，有些甚至会和外来客人的子女在一起共同生活。正确处理好与兄弟姐妹之间的关系，有助于家庭氛围的融洽，父母和子女间关系的和睦。兄弟姐妹之间相处应该互相体贴关心、互相帮助，产生矛盾时不争不吵、互谦互让、和睦相处（图 3.7）。

图 3.6　不忘打招呼　　　　　　　　　图 3.7　相互谦让

3.3.2　家庭成员间的称谓礼仪

按照我国的传统习惯，称谓，即称呼自己谈话所涉及的对象，这在家庭或至亲之间运用起来比较简单。家族中的称谓，通常如下表示：

1. 对父系长辈

对象	称呼	自称
父亲的祖父：	曾祖父（老爷爷）	曾孙（曾孙女）

父亲的祖母：	曾祖母（老奶奶）	曾孙（曾孙女）
父亲的父亲：	祖父（爷爷）	孙（孙女）
父亲的母亲：	祖母（奶奶）	孙（孙女）
父亲的哥哥：	伯父（伯伯、大爷）	侄（侄女）
父亲的嫂嫂：	伯母（大娘）	侄（侄女）
父亲的弟弟：	叔父（叔叔）	侄（侄女）
父亲的弟媳：	叔母（婶婶）	侄（侄女）
父亲的姐夫、妹夫：	姑父（姑丈）	内侄（侄女）
父亲的姐妹：	姑母（姑姑、娘娘）	内侄（侄女）

2. 对母系长辈

对象	称呼	自称
母亲的父亲：	外祖父（外公、姥爷）	外孙（外孙女）
母亲的母亲：	外祖母（外婆、姥姥）	外孙（外孙女）
母亲的兄弟：	舅父（舅舅）	甥女（甥女）
母亲的嫂嫂、弟媳：	舅母（妗）	甥（甥女）
母亲的姐夫、妹夫：	姨夫（姨丈）	甥（甥女）
母亲的姐、妹：	姨母（姨妈）	甥（甥女）

3. 家庭中的平辈

对象	称呼	自称
兄长：	哥哥（兄）	弟、妹
嫂子：	嫂嫂（嫂）	弟、妹
弟弟：	弟弟（弟）	兄、哥、姐
姐姐：	姐姐	弟、姐
姐夫：	姐夫	内弟、内妹
妹妹：	妹妹	兄、哥、姐
伯、叔的儿子：	堂兄或堂弟	堂弟、堂兄、堂妹、堂姐

小测试

下列问题中，你认为哪些是正确的做法？

1. 进入父母、长辈或其他家人的房间，　　　（　　）
   (1) 应先敲门，经允许后方可进入。
   (2) 反正是在自己家里，可随便进入。

2. 当老人家唠叨时，　　　　　　　　　　　（　　）
   (1) 晚辈可以借故离开，免受其累。
   (2) 晚辈应耐心地听其述说，就算所言不妥，也让他们说完以后再做解释。

3. 对于父母的生日和结婚纪念日，　　　　　　　　　　　　　　　（　　　）

　　（1）晚辈要记住，到时要专门向他们表示祝贺，使长辈感受到晚辈的爱意。

　　（2）我记不住，也没必要记，因为他们从来都不过生日。

4. 你正在网上与朋友聊天，你的表妹到你家想用电脑查一些资料，你会：（　　　）

　　（1）继续聊天不理她。

　　（2）跟朋友解释后下线，把电脑让给她用。

你知道吗？

　　星期天，爸爸妈妈有事出去了，小华和妹妹在家。这时，门铃响了，妹妹动作快，跑过去开门了。原来是爸爸的同事李叔叔来找爸爸，妹妹说："爸爸不在。"就要把门关上。小华快步走上前，赶紧把客人让进家，请他到客厅坐下，并且倒了杯茶，双手递给客人。李叔叔很高兴，直夸奖小华懂事。懂得待客、做客之道，是一个人良好品德修养的表现。

3.4　接待与做客

　　在家中接待亲戚朋友，或到亲戚朋友家里去做客，有许多礼仪规范要认真实行。

3.4.1　待客的礼节

1. 待客前的准备

　　得知客人即将来访，要提前打扫室内卫生，以迎佳宾，并备好茶具、烟具、饮料等，也可根据自己的家庭条件，准备好水果、糖饼、咖啡等。如在家中穿睡衣，应换上便衣，即使是十分熟悉的客人，也应换上便衣，以示礼貌。

2. 迎接客人的礼节

　　客人来到时，应该热情相迎。来客是访问家长的，应由家长前去接待，子女可随在家长身后向客人以尊称问候。

图 3.8　礼貌待客

3. 待客的礼节

　　长辈客人落座以后，此时由家长陪着谈话，作为晚辈应担负起招待的任务，如递

上茶水、水果等（图 3.8）。

4. 接待朋友的礼节

朋友、同学来了，要以主人的身份接待。注意先将客人介绍给自己的家长，临别时要告诉家长，令客人有机会向自己的家长道别。

招待同辈客人时，切忌招呼家长前来待客。若家长以长辈的身份送些糖果之类表示欢迎，除客人向家长致谢外，自己也应该致谢。进入室内，一般应请客人坐在宽大、舒适的位置。

5. 接待老师家访的礼节

当老师上门家访时，我们应在第一时间里，做到热情招呼，恭敬地出门迎接。安排老师入座并敬茶，茶杯要用双手

图 3.9　礼貌送客

端送给老师。一般情况下，为了便于老师和家长交谈，学生应当礼貌性的回避。老师告辞时，学生一定要亲自将老师送出大门，并热情道别（图 3.9）。

6. 待客的注意事项

（1）客人到来，无论是熟人还是首次来访的客人，不论客人身份是什么，都要热情相迎。对不速之客的到来，不能拒之门外或表现出不高兴，使客人进退两难（图 3.10）。

（2）如家里有客人时，又有新的客人来访，应将客人相互介绍，一同接待。若有事需与一方单独交谈时，应向另一方说明，以免使客人感到有薄厚之分。谈话时要专心，不要三心二意或频频地看表，更不要有扫地、掸土等举动。

（3）家里有客人来时，家庭气氛要和谐，家庭成员之间不要在此时发生争吵；当与客人交谈时，不要将电视机、收录机等声音开得过大、过响。

（4）有些客人会带着礼物拜访，对此应该认真地感谢。如果出于某种考虑，不便收下，也要坦率说明原因，以免产生误解。

图 3.10　礼貌迎客

（5）客人告辞，主人应等来客先起身，自己再站起来，并主动为客人取下衣帽，请他穿上。家人也最好同客人说上几句热情的告别语。若是老年客人，则应送至楼下或庭院；若是同辈客人，可送至电梯口或楼道口；若是晚辈客人，可站在门口相送。

3.4.2　做客的礼节

拜访朋友是人际交往中不可缺少的应酬，应掌握拜访时的礼仪规范，不能因不懂

得做客之道，而影响朋友之间的友谊，妨碍主人的休息，损坏自己的名声。

1. 做客先约定

拜访任何人都要事先约定。一般来说，与被拜访的人约定具体日期，这有利于对方提早安排。不宜选择对方较忙或吃饭的时间，晚上不宜太晚，最好按对方的意思确定拜访的时间和地点（图 3.11）。

2. 入座前的礼节

做为客人到达主人家后，敲门或按门铃，不要长时间按着门铃不放，也不要一触即离，敲门要有节奏，不轻不重，不急不慢，最多只敲两三次。主人开门后，应随其行至指定房间。进屋后，对房间里的人不管认识与否要一一打招呼，要微笑、点头、问候。待主人招呼就座后再坐下。

让客人早点回家！明天还要上课呢！

阿姨放心，我父母不管我的。

图 3.11 做客不宜太晚

3. 做客时的礼节

在主人家中见到长辈，要恭恭敬敬地起立问候。对于迟到的客人，要起立迎接；其他客人告辞时，也要起立相送。见到别的客人来到，不能马上就走。在交谈过程中，要注意技巧和礼仪，善于倾听提问，做出适当回应，谈话目的清楚明白。主人招待的饮料茶水最好喝完。

4. 掌握时间，适时告辞

谈话办事目的达到，要适时收住话题，起身告辞。一般做客以 0.5～1 小时为宜。告辞时应向对方家人表示谢意，尤其是向长辈打招呼。

5. 做客的注意事项

（1）做客前要整理好自己的服饰，仪表必须要整洁大方。

（2）对主人种植的花木不要采摘，对其喂养的宠物不要逗弄。

（3）在主人家中举止要大方，讲话的态度要诚恳自然，不要随意谈论主人的不快、失误和短处。

（4）做客时见到主人显出疲乏或还有其他客人时，应适时告辞。若主人请自己在家中用餐，饭后要停一会儿再走，不要给他人留下自己是为了吃饭而来的印象。

（5）辞行时态度要坚决，不要"走了"说过几次，人却迟迟不动，出门后应请主人就此留步。如果有意请主人回访，可在此时提出邀请。

（6）作为晚辈若是陪同父母去拜访长辈的朋友，对主人要格外注意礼貌。见面时宜行鞠躬礼，切不可冒失地向主人伸出手去握手。

（7）陪同家长进入主人客厅，要等父母入座后，再按照主人的吩咐入座。

　　(8) 陪同父母做客，不要乱插话；主人问到自己问题时应恭敬地回答；父母告辞之前，自己不能表示倦意，更不能催父母告辞。

小测试

　　1. 做客应该：　　　　　　　　　　　　　　　　　　（　　）
　　　　(1) 事先预约。
　　　　(2) 正好路过，不请自到。
　　2. 家里来了父母的客人，自己并不认识：（　　）
　　　　(1) 应该帮助父母做好接待，再适时礼貌告退。
　　　　(2) 可以不用出面，关在自己房间里不打扰大人谈话就好了。
　　3. 家里有父母的客人在做客时，自己的同学到来：　　　　（　　）
　　　　(1) 礼貌地将同学介绍给父母及客人，然后进入自己的房间，小声交谈。
　　　　(2) 立即热情接待，请父母及客人回避。
　　4. 客人离去，主人送客应：　　　　　　　　　　　　（　　）
　　　　(1) 根据主客关系，决定送出门、送下楼或送上车并目送远离。
　　　　(2) 不管是何人，主人只需伸头道声再见即可。
　　5. 陪父母做客时：　　　　　　　　　　　　　　　　（　　）
　　　　(1) 因不是自己熟悉的主人，可以离开自己去玩，并不时催父母告辞。
　　　　(2) 不乱插话，主人问到自己问题时应恭敬地回答。
　　6. 做客结束提出告辞时：　　　　　　　　　　　　　（　　）
　　　　(1) 辞行时态度要坚决，出门后应请主人就此留步。
　　　　(2) 反复说过几次"走了"，人却迟迟不动。

3.4.3　送礼的礼节

　　1. 赠送礼品应考虑具体情况和场合

　　一般在赴私人家宴时，应为女主人带些小礼品，如鲜花、水果等，客人家有小孩的，可送玩具、糖果等。过节时，可根据节日的风俗送些时令的礼品，如端午节可送粽子，春节可送日历、年货，中秋可送月饼等。

　　2. 送礼间隔要适宜

　　送礼的时间间隔也有讲究，过于频繁或时间过长都不合适。一般来说，以选择重要的节日、喜庆、寿诞送礼为宜，送礼者不要突兀虚套。

　　3. 了解风俗禁忌

　　送礼前应了解受礼人的身份、爱好、民族习惯，以免送出麻烦。例如：恋人忌送鞋子，其意表示会跑掉的意思；亲人忌送梨，梨与离谐音，表示分离的意思；不要送钟，钟和终谐音，让人觉得不吉利；中国人不喜欢数字四、黑色和白色。

4. 礼品要有意义

选择赠送的礼品要有意义的，要用心挑选礼物。送礼时要注意态度、动作和语言表达。和平友善、落落大方的动作并伴有礼节性的语言表达，才是会使受礼方乐于接受。送礼者自己不要过分谦虚也不要过分炫耀。

3.4.4 探望病人的礼节

通常，探望病人最好的做法是直接到病人病房，把安慰和礼品带给病人。按习惯，人们可挑选一些水果、营养品和鲜花送给病人，如没时间前往探访，也可托朋友送上礼品和一段真心关怀的语言，同样可祝愿病人早日康复。

到医院探病人，要遵守医院的规章制度，注意医院规定的探病时间。进病房要注意安静，尽量降低脚步声，不要大声谈笑。进入病房后，如果看到病房周围有瓶子、管子等医疗器械，切莫大惊小怪；看到痰盂便桶、血迹脓水等，也不要躲躲闪闪，面露厌恶的表情；看到病人消瘦憔悴的病态，更不要愁眉苦脸和害怕。

如果病人患的是传染病或其他不宜直接探望的疾病，则可以改用电话、短信和信函的方式表达问候。

3.5 邻里团结

你知道吗？

小明进入高考前的最后冲刺，每天晚上在家都认真复习。租住在隔壁的几个年轻人每晚都会传出一阵阵愉快的、毫无顾忌的高谈阔论声，扰得小明精力难以集中，苦不堪言。一天晚上，小明去到隔壁，告诉年轻人，因为自己在复习准备高考，请他们在交谈时能适当降低音量，年轻人们听到后很不好意思的道歉并马上改为小声交流了。以后的日子，小明就一直在安静的环境下进行复习。原来，邻里团结，互谅互让是一件很简单却能让人很愉快的事。

3.5.1　尊重邻里

俗话说：远亲不如近邻。常年与邻里相处，见面要热情打招呼，问好、问安，诚心诚意地祝愿他们，以诚相待。

要搞好邻里关系，需注意以下几点：

第一，邻里有了困难，要主动帮助解决。

第二，邻里有人生病，要主动探望问候。

第三，邻里遇到危险、灾难，要勇于出面救助。

第四，邻里有喜庆事，要热情祝贺。

第五，邻里之间不要东游西窜，说东家长西家短，揭人家隐私。

3.5.2　邻里之间互谅互让

"己所不欲，勿施于人"，邻里之间相处要互谅互让，多站在他人的角度上考虑问题。做到严于律己，宽以待人。

邻里之间互谅互让体现在以下几个方面：

第一，入夜后，不宜大声喧哗，放声高歌，有噪音的电器不宜过早、过晚或在午间开放，以防止影响他人休息。

第二，楼上的住户走动或移动家具要轻，不要在楼上敲敲打打。

第三，勿将纸屑、垃圾、污水从阳台往下倒。

第四，在阳台上浇花、晾晒衣物要注意楼下是否有人或物。

第五，保护环境卫生，不要在楼道内堆放物品。

第六，邻里有失礼之处，非不得已不要出面干涉，提醒时语气和蔼，勿伤和气。

第七，逢年过节应相互拜访。

第八，遇上公益之事，应抢在前面，主动服务。

3.5.3　邻里相处禁忌

第一，忌"各扫门前雪"。在邻里交往中，持这种态度的人不在少数，以为邻居间避免矛盾的办法就是少掺和，自家管好自家的事情。

第二，忌邻居间说长道短，拨弄是非。

第三，忌无端猜疑。有时候邻里之间纠纷倒不是有人挑拨产生的，而是纠纷的一方无端猜疑另一方导致的。

第四，忌以邻为壑。心眼小、私心重的人，在邻里生活中总怕邻居沾了自己的光和谋求自己的好处，反过来自己总想捞别人的好处，甚至明里暗里做那些损害邻居利益的事。

第五，忌自以为"常有理"。邻里交往中常常为一些小事发生矛盾，应多做自我批评，但有些人总喜欢指责别人，总觉得自己是对的。

小测试

1. 小区单元房之间：　　　　　　　　　　　　　（　　）
   (1) 远亲不如近邻。常年与邻里相处，见面要热情打招呼，问好、问安，互帮互助。
   (2) 每天难得见面，互不认识，见面不需要打招呼。

2. 邻里有了困难：　　　　　　　　　　　　　　（　　）
   (1) 要主动帮助解决。
   (2) 彼此之间不熟悉，主动帮助可能惹来麻烦，多一事不如少一事好啦。

3. 为了能保持自家的清洁：　　　　　　　　　　（　　）
   (1) 垃圾可以随手往"外"扔。
   (2) 要保持自家的清洁，也要保持环境卫生，垃圾要按时按规定的地方存放。

4. 在阳台上浇花或晾晒衣物：　　　　　　　　　（　　）
   (1) 要注意楼下是否有人或物，不要给邻居造成损失。
   (2) 我居高临下，其他一概不管。

5. 邻里有失礼之处：　　　　　　　　　　　　　（　　）
   (1) 非不得已不要出面干涉，提醒时语气和蔼，勿伤和气。
   (2) 你不仁我也不义，一定要以牙还牙。

6. 遇上公益之事：　　　　　　　　　　　　　　（　　）
   (1) 抢在前面，主动参与服务。
   (2) 各人自扫门前雪，管好自己的事就可以了。

第4章 校园礼仪

● 使学生了解学生礼仪的基本要求。

● 掌握在各种场合下应表现出的礼仪规范。

● 能够判断行为举止是否正确。

　　一所学校，可以说是一个小的社会。职业学校的学生在学校不仅要学习专业技能、文化知识，还应具有道德知识，学会做人、做事、处世的基本原则。学生一踏进校门，就应该意识到自己的责任，自觉地接受老师的指导教育。加强个人道德修养，遵守学校的规章制度和校园礼仪规范，养成良好的行为习惯，做到衣冠整洁端庄、举止文明大方，遵守纪律，生活俭朴，讲文明、讲礼貌、重礼仪，才能树立 21 世纪职业学校学生的形象，为使自己将来能够成为一个具有较高的科学文化素养和文明素养的合格劳动者、建设者创造条件。

你知道吗？

　　南开大学的创始人严修制定了《容止格言》，要求学生"面必净、发必理、衣必整，纽必结、头必正、肩容平、胸容宽、背容直，气象：勿躁、勿暴、勿殆，颜色：易和、宜静、宜庄"，周恩来总理在南开中学上学时，就是以此为言谈举止的规范，养成了举世公认的非凡气质和令人折服的优雅风度。

4.1　学生礼仪的基本要求

　　礼仪的作用主要是靠人们的自觉来维持，靠社会舆论来监督的，换句话说，礼仪是以"自律"为特征的。但"自律"是通过"他律"逐步获得的，"无规矩不成方圆"，制定必要的规章制度，发展健康的舆论，形成良好的校园文化氛围，对引导学生规范自身行为，克服不良的行为习惯，逐步提高自我约束和自我克制的能力有着十分重要的作用。

4.1.1 仪容仪表大方得体

仪容仪表是职业学校学生精神面貌的外在表现，它能展示出职业学校学生的道德修养、文化水平、审美情趣、文明程度，是尊重对方、讲究礼貌，互相理解的具体表现。

1. 端庄整洁的仪容

端庄整洁是礼仪的基本要求，是仪表美的关键，每一位学生都应该保持端庄、美好、整洁的仪容。

（1）面部清洁。坚持早晚洗脸，保持皮肤光滑干净，注意面部清洁，并适当的修饰，使自己容光焕发。男生胡须要剃净，鼻毛也要修剪，使其不外露。

"清水出芙蓉，天然去雕饰"。女生切忌浓妆艳抹。因为少女的肌肤丰润，富有弹性和光泽，本身就具有自然美，化妆反而会给人以矫揉造作之感。在校学生除参加礼仪活动或文艺演出之外，一般不应该化妆。

（2）头发整洁。职业学校学生的发型要活泼大方，干净有型，以显示青年人朝气蓬勃的精神面貌。学生应该按照学校的规定留标准的学生发型，不能染发或留怪异的发型。

男生最好理平头、学生头，这样显得整洁、干净、富有朝气，更能展现男性的阳刚美。如果留长发，留胡须，则会显得与学生身份不协调，会给人一种不务正业的印象。

女生以梳短辫、理短发为宜。这样既便于梳理，适应紧张的学习生活，又能体现少女的清纯、活泼，给人以自然美之感。女生不适合烫发或披肩散发，因为这种发型显得老气和成熟。

（3）口腔清洁。这是与人交往必须注意的细节。保持牙齿的清洁，就要勤刷牙、不吸烟；与人交谈时，口角不应有白沫，并且在谈话之前，不吃带有强烈异味的食物；不当众剔牙；不一边嚼口香糖，一边与人说话。

（4）手部清洁。手部的清洁与否能反映出一个人的修养与卫生习惯。要随时洗手，及时修剪指甲，学生不得留长指甲，不得涂指甲油。在任何公众场合都不应当众修剪指甲，也不能摆弄手指，这些都是失礼的表现。

（5）身体清洁。应做到勤洗澡，勤换衣，身上不留异味，不应在人面前做抠鼻孔、掏耳朵等不雅动作。

2. 大方得体的姿态

姿态美是一种极富魅力和感染力的美。端正秀雅的姿态，从行为上体现了一个人内在的稳重、聪慧与活力，在动静之中展现出个人气质、修养，可谓"此时无声胜有声"。

（1）学生保持正确健康的站姿，应做到"直、拔、稳"，即向上"拔"；往下"稳"；全身"直"，不要东倒西歪，前伏后仰。女生站姿应秀雅优美，亭亭玉立；男生站姿应"站如松"，精神抖擞，刚毅洒脱。

学生大方健美的站姿会给人以挺拔笔直、舒展俊美、庄重大方、精力充沛、信心十足，积极向上的印象。参加升旗仪式或参加军训、上体育课，都是训练良好站姿的机会。挺拔俊美的站姿，需要经过严格持久训练才能养成。

（2）学生端直舒展的坐姿，让人觉得端正认真、大方优雅。学生在课堂内入坐时要轻、稳、缓。如果椅子位置不合适，需要挪动椅子的位置时应当先把椅子移至欲就座处，然后入座。坐在椅子上移动位置，是有违礼仪要求的，还会发出声音影响课堂秩序。

①在上课时，身体坐正、坐直，不仅有利于专心听讲，还有利于身体的发育。

②与老师谈话坐姿要端正，身体微微前倾，表示对老师讲话的专注。

③在开会、听报告、看演出时，要坐直坐稳，不要左右摇晃，随便走动而影响他人。

（3）学生矫健大方、从容平稳的步伐，给人以轻松向上、精神振奋的印象。男生的步伐应既青春朝气又不失矫健稳重，女生的步伐应活泼轻盈又不失秀雅娴熟。

① 在校园的小道上，忌横冲直撞、步态不雅。

② 在教室的走廊，不横作一字排开、搭肩搂腰或奔来跑去。

③ 上下楼梯，有序不拥挤，礼让三先，主动避让。

（4）举止有礼，得体的礼姿。"行为是心灵的外衣"，行为举止是一个人道德修养的外部表现。首先表现在外部动作姿态上要给人以美感。更重要的是在待人接物上要有修养、有礼貌。

①鞠躬礼：学生见到老师或长辈行鞠躬礼表示尊敬与问候；学生上台领奖时向授奖者与全体与会者行鞠躬礼表示感谢；在演讲前后向观众行鞠躬礼表示敬意。

②点头礼：学生在与老师和同学们交往中，可以用点头礼表示问候与回应；对别人说的话表示认同时，可以点头表示支持、肯定。

③注目礼：在升旗仪式里，奏国歌升国旗时，应该向国旗行注目礼；教师上课走进教室时，学生应起立向老师行注目礼。

④指引礼：为他人指引方向、位置；引导他人进场入座；为他人做介绍。

⑤递接礼：学生把作业交给老师时，应恭恭敬敬地用双手递上；向他人递笔、刀剪之类尖锐物品时，需将尖端朝向自己握在手中；递（接）名片时，应恭敬地用双手接（递）名片；向他人递矿泉水时商标对准对方，左手托瓶底，右手握住瓶身双手递交。

⑥挥手礼：同学见面时，挥手互相致问候；同学与老师，挥手道别。

3. 自然的表情

现代心理学家总结过一个公式：

感情的表达＝语言（7％）＋声音（38％）＋表情（55％）。

自然的表情能留给别人从容、自信、友善、真诚的深刻印象，给你带来更多的朋友。

（1）有神的目光。

① 上课时，注意力集中，目光专注认真。

② 升旗仪式上，目光严肃认真。

③ 听老师教诲时，目光谦虚有礼，应注视着老师，保持目光接触，不要东张西望，心不在焉。

（2）亲切的微笑。

①遇见老师、同学，给一个微笑，表达了你的尊敬、友善。

②微笑着接受老师的批评，显示你承认错误并虚心接受批评。

③微笑着接受荣誉，说明你充满喜悦但不骄傲自满。

④微笑着面对困难，说明你经得起考验，有战胜困难的勇气和信心。

微笑是人的宝贵的无形资产，可以说成功从微笑开始。学生应该经常对老师、同学及他人微笑，微笑着对待生活中的成功与失败，培养自信、乐观、豁达、坚毅、积极进取的性格和正确的人生观。

你知道吗？

微笑一定要发自内心，亲切自然，那样才富有魅力，让人愉悦欢欣。不要为了讨好别人故作笑颜，满脸堆笑，那样会让人有阿谀奉承之感。微笑还要注意场合、时间与对象。在郑重场合微笑，会被认为是不严肃；在别人伤心的时候微笑，会被说成兴灾乐祸；对办错事的人微笑，会被当成嘲讽讥笑。

4. 整洁朝气的服装与配饰

你知道吗？

穿着校服的意义是什么？

首先，可以增强学生的团体意识，即集体主义精神；其次，便于学校的统一管理；再次，可以消除学生的攀比心理，减少校园中的贫富差距；最后，可以培养学生衣着朴素的良好习惯。

（1）服装是对人体的包装，是人的气质、仪表美的展现。学生装是职业装的一种，讲究实用性、审美性和象征性。

学生装要与学生的学习环境相协调，造型美观大方，色彩明快，富有朝气，穿着朴实又便于活动。

学校规定学生在校内外集体活动时身着校服，这是优良校风的展现，也是学校培养学生注重仪表的良好品质的措施之一。穿校服的具体要求有：

①整齐。服装必须合身，上衣袖长至手腕，裤子应长至脚面，裙子则应长过膝盖。不挽袖、不卷裤，不漏扣，不掉扣；职业高中学生的服装大多是运动装，因此，衣服的拉链要拉至胸前，不可敞胸露怀。

②清洁。保持衣服的干净整洁，无污垢、无油渍、无异味，领口与袖口处，尤其要保持干净。不能在衣服上乱写乱画，随便添加饰物。

上体育课时，学生应该穿运动服、运动鞋，以保证安全。

职业学校的学生穿上本专业的职业服装，会产生一种自豪感和光荣感，从而更加热爱自己的专业，并为之努力学习。

（2）校徽是学校的标志。当一个学生戴着校徽走出校门，在公共场所进行活动时，就等于向别人宣布自己是一名在校生。佩带校徽对于提高学生的荣誉感和责任感，养成遵纪守法的良好习惯，形成良好的校风，维持学校的正常秩序，都是极为有益的。

学生佩带校徽、团徽的位置要合适，一般应佩带在左胸上方。团徽在上，校徽在下，佩带要端正，不能歪斜，或随意乱挂。

（3）在学校，穿鞋要舒适大方，便于运动健身，也有益于学生身体健康发育，又可展现青少年健美的身姿。

你知道吗？

学生仪表的基本要求是：合体、合适、整洁、大方，讲究场合。

学生在学校内不得穿拖鞋，女生不得穿高跟鞋、厚底鞋，男生不得穿背心或坦胸露背进入校园的教室、办公室、会场等公共场所。女生不得穿奇装异服或细窄、露背及吊带服装进入学校或教室。严禁佩戴时尚或奇形怪状的饰物。这些都违反学校的规则，也不利于学生身心的健康成长。

4.1.2　尊重他人

文明礼貌的核心是人与人之间的互相尊重。

（1）尊重他人的人格。应礼貌待人，不打人，不骂人，不讽刺挖苦别人，不嘲笑别人的生理缺陷，不损害他人的自尊心。

（2）尊重他人的劳动。应尊重老师的劳动，上课认真听讲；尊重清洁工作的劳动，不在校园内乱扔赃物；尊重父母的劳动，在家里不浪费饭菜等（图4.1）。

（3）尊重少数民族的风俗习惯和宗教信仰。

图4.1　正确处理垃圾方式

4.1.3　说话文明

语言是人们交流思想，表达感情，传递信息的工具。语言文明常常反映心灵的纯洁，情操的高尚。语言粗野是缺乏教养的表现。学生要注重使用文明语言，做到"和气、文雅、谦逊"。

（1）早上见到老师或同学，主动打招呼："早上好""老师好"。

（2）麻烦或有求于别人的时候："请帮我……"

（3）见到来访者，热情主动上前询问："您好，请问，有什么需要帮忙的吗?"

（4）得到他人的帮忙时："……，谢谢!"

（5）当老师或同学给予你批评指正时："谢谢您的提醒!"

（6）要打断他人的谈话，询问同学时："××同学，对不起，打扰你一下，向你请教一个问题，行吗?"

（7）给同学或他人带来不便时："抱歉，让您久等了。"

（8）请别人提建议或意见时："这件事，有做得不到之处，请多提宝贵意见。"

（9）接待老师或家长、同学时："请进""请坐"。

（10）答应别人的要求时："好的，我马上去办。"

（11）当回答不出别人的问题时："对不起，我还没有想好。"

（12）放学时，主动与老师或同学道别："老师再见!""明天见!"

4.1.4　举止有礼

"行为是心灵的外衣"，行为举止是一个人道德修养的外部表现。首先表现在外部动作姿态上要给人以美感。更重要的是在待人接物上要有修养、有礼貌（图 4.2）。

图 4.2　到老师办公室要礼貌地敲门

小测试

1. 认识自我

扪心自问：同学们思考自己以前的行为举止有哪些地方需要改进?

旁观者清：同桌之间相互指出对方在行为举止方面的不足之处，提出意见，并交换意见。

　　有效说话：当别人不小心踩到你，并对你抱歉地说"对不起"时，你会怎样回答他呢？

　　我要"酷"：讨论学生朴素着装与追求时髦，讲究名牌的利与弊，剖析学生标新立异的"酷"的新形象。

　　2. 考考你的反应速度

　　请分别说出五个问候语、致谢语、道歉语、征询语、请托语、告别语。

　　3. "无声"的魅力

　　情景展示：用所学的体态语言，表现学校里老师和学生交往的情景。

4.2　课堂礼仪

　　尊敬师长是中华民族的优良传统。古时候，学生初见老师要行跪拜礼，平时见面则行揖礼。尊敬老师，是做学生最基本的礼貌。

4.2.1　课堂礼仪

　　遵守课堂纪律是学生最基本的课堂礼仪。

　　（1）课前礼仪。按时到校，带齐学习用品，不迟到，不早退，不旷课。预备铃响后，立即进入教室并准备好学习用具，安静地等候老师上课。上课铃响后，全体起立站直（图 4.3）。

　　（2）起立时不得让桌椅发出很大的声响。向老师行鞠躬礼说"老师好！"老师回礼后，向老师说"谢谢！"并坐下，坐下时动作要轻。迟到的学生必须先喊"报告"，经老师允许后方可进入教室，并向老师道谢。总之，迟到的学生要把由于自己迟到而对课堂秩序造成的影响减小到最低限度。

　　（3）上课听讲。上课要求坐姿端正，注意力集中，认真听老师讲解，独立思考，重要的内容应做好笔记，有问题要先举手，经老师允许后起立发言；

图 4.3　端正的站姿，向老师行注目礼

当老师提问时，也应该先举手，待老师认可后起立回答问题，发言或回答问题时，目光正视老师，身体要立正，表情自然大方，声音要清晰响亮，语速适中，并且使用普通话，完毕后经老师许可后方可坐下。当回答不出问题时，应该表示歉意（图 4.4）。

（4）下课。听到下课铃响时，若老师还未宣布下课，学生应当安心听讲，不要忙着收拾书本，或把桌子弄得乒乓响。这是对老师的不尊重。下课时，全体同学需全体起立，与老师互道"再见"。待老师离开教室，学生方可离开。

4.2.2　自习课礼仪

（1）自习课也是课，学生也应该遵守课堂纪律。

图 4.4　课堂上全神贯注听课

（2）学生应按照老师的安排，完成规定的学习任务。如果需要和其他同学讨论，最好用耳语，不要影响其他同学学习。

（3）学生不要随便离开座位，更不要随便吃喝。要保持教室安静、整洁、有序的学习环境。

4.2.3　课堂其他礼仪

上课时不遵守纪律是对老师极大的不尊重，也是对其他同学的不尊重。每个学生上课都要遵守一定的纪律，这是基本义务，也是基本礼仪。

（1）学生上课应关闭手机、不听MP3 等（图 4.5）。

（2）学生着装应简朴、大方、得体。

图 4.5　带 MP3 和玩手机，她这样对吗？

（3）学生应认真听讲，不要随便插话，更不应该取笑他人。

（4）在实验室或机房上课时学生要讲究卫生，听从指挥，爱护教学设备。

（5）课堂不是餐厅，学生不要在课堂上吃东西。

小测试

想想自己在课堂上有没有不礼貌的行为？是哪些行为？能帮你的同桌纠正一下他（她）不礼貌的地方吗？

4.3　师生交往礼仪

尊重是社会交往的第一张通行证，师生之间也是如此。古语云："一日为师，终身为师。"一个好的老师不仅帮我们"解惑"，而且向我们"传道"。老师是我们的良师益友，改变观念、尊重、理解、宽容是师生和谐相处之道。

你知道吗？

我们尊敬老师的 10 个理由：

教师是伟人培育者；教师是爱的传播者；教师是人生引路者；教师是甘为平凡者；教师是知识渊博者；教师是赤心报国者；教师是无悔奉献者；教师是时代推动者；教师是心灵塑造者；教师是品德示范者。

4.3.1　尊重老师的劳动

（1）学生应以饱满的情绪，集中精神，积极思索，认真上课。

（2）学生应按时、认真、独立地完成老师布置的各项作业。

（3）学生对老师在作业本上的批改应认真领会。

（4）老师在教学中出现口误或差错时，学生应当善意指出，但要注意方式。

图 4.6　虚心听教

（5）在与老师谈话时，要做到"五到"。

"身到"：站姿或坐姿端正，身体微微前倾，表示专注认真。

"眼到"：注视着老师，保持目光接触，不东张西望，心不在焉。

"耳到"：认真听老师讲的每一句话。

"口到"：不中途打断老师，让老师把话讲完，若不明白，或老师询问自己时，要及时做出反应。

"心到"：态度认真诚恳，用心体会老师所说的话。

（6）学生应虚心接受老师的批评教育。若老师的批评与事实有出入，学生要在老师讲过话后平心静气地加以解释，或在事后寻找适当的时机加以说明（图4.6）。

4.3.2　尊师守礼

图 4.7　老师，您好！

图 4.8　老师，您先请！

尊师礼仪：

见老师要问好，分别时说再见；

门口楼道相遇，主动靠右避让；

进办公室报告，离开时说再见；

双手接递物品，勿翻老师东西；

虚心听取教诲，诚心接受教育；

对老师要诚实，请勿欺骗老师；

珍惜老师劳动，完成老师任务；

服从老师管理，请勿顶撞老师；

有事打扰老师，躬身站立一侧；

与老师的交谈，起立给师让座；

尊重老师人格，不要品头论足；

老师进入宿舍，起身让座相送。

（图4.7，图4.8）

小测试

你是一个尊重老师的学生吗？"是"表现在哪些地方？"不是"表现在哪些地方？

4.4 学生交往礼仪

在学校，同学之间朝夕相处，情同手足，是亲密的伙伴。同学间的深厚友谊是生活中的一种团结友爱的力量。珍惜同学间的友情，处理好同学关系，在自己的学习和成长过程中，甚至在整个人生旅途中都会有很大的益处。注意同学之间的礼貌礼仪，是获得良好同学关系的基础。

你知道吗？

有一位同学，面对其他同学的请教，经常敷衍了事，结果使得自己的人缘越来越差，一次活动课上，老师叫同学们自愿结成小组，互相交流，结果班里没有人愿意和他结成小组，弄得他很尴尬。最后还是老师把他分到一个组里。

小思考：请分析这位同学与人交往所犯的错误？

4.4.1 与同学交往的法则

1. 互相尊重

"不尊重他人，就是一种对自己的不尊重"。同学间应互相尊重，不对同学的相貌、体态、衣着评头论足。尊重他人的人格和生活习惯，不要给同学起带侮辱性的绰号，不要讥笑他人的生活习惯，否则，就会伤害自己伙伴的自尊心，友谊也就会遭到破坏。

你知道该怎么做？

（1）当同学遭遇不幸时，你会＿＿＿＿＿＿＿＿＿＿＿＿＿＿。

（2）当同学偶尔失败时，你会＿＿＿＿＿＿＿＿＿＿＿＿＿＿。

（3）当同学学习上暂时落后时，你不要＿＿＿＿＿＿＿＿＿＿。

（4）当同学有生理缺陷时，你不要＿＿＿＿＿＿＿＿＿＿＿＿。

2. 礼貌相待

有些学生认为：同学之间长期相处，友谊日深，亲密无间，不必以礼相待。这是一种错误的认识。在学校里，时时处处都应与同学礼貌相待。

每天同学相见时，应该互相致意，相互问候。

同学间可彼此直呼其名，但不能用"喂"、"哎"等不礼貌的用语称呼同学。

在有求于同学时，须用"请"、"谢谢"、"麻烦您"等礼貌用语。

借用学习用品时，应先征得同学的同意后再拿，用后及时归还，并要致谢（图 4.9）。

3. 诚实守信

诚实是一种美德。有人说，诚实是人生的命脉，是个人价值的体现。与同学相处，更应守信，做人要诚实，不欺不诈、遵守诺言，才会取得他人的信任。与他人以诚相见，以诚相处，才能以心换心。

4. 谦虚随和

与同学相处，要谦虚随和。摆架子、自以为是、趾高气扬，卖弄自己，是无知、幼稚和肤浅的表现，也是同学交往中的一大禁忌。

图 4.9　王虹，这是您的书请拿好！

5. 宽容理解

宽容是一种美德，一种力量，一点关照，一丝温暖。"人非圣贤，孰能无过。"与同学相处，要有一颗宽容的心，遇事多为别人着想，即使别人犯了错误，或冒犯了自己，也不要斤斤计较，以免因小失大。要明白"海纳百川，有容乃大"的道理，就是要学会宽容，善于原谅。

6. 团结友爱

在学校与同学要和睦相处，在思想上要互帮互助，共同进步。对有缺点的同学不应包庇祖护，也不要挖苦讽刺，应热情关怀，鼓励其上进；对取得了优异的成绩或进步明显的同学，应该虚心学习，衷心祝贺，不应嫉妒。

4.4.2　同学交往的禁忌

1. 人格不平等

同学之间在人格上是平等的，应该彼此尊重。自傲或自卑者都可能加大与其他同学的差距，影响同学关系的正常发展。

2. 不正当攀比

同学交往，免不了相互比较，关键看比什么，是比志气？比信心？还是比虚荣？如果是比思想进步，学习进步，这无可厚非，值得提倡；但如果是比物质、比表象，就不可取了。盲目攀比往往是虚荣、自卑，甚至是懦弱的表现。

3. 说长道短

同学间相处要光明磊落，谨言慎行。在背地里说长道短甚至挑拨是非，是同学间最忌讳的事情。

4. 恶语伤人

"良言一句三春暖，恶语伤人六月寒"，要自觉培养尊重别人的能力，讲话应温文尔雅，不要自以为是，出言不逊，恶语伤人。

4.4.3 正确处理异性同学间的交往

男女同学间的友好相处是学校里一道美丽的风景线。

男女同学交往时，谈吐和举止应该注意分寸，尤其是男生应该对女生特别尊重，处处体现出男子汉的心胸坦荡、气度宽宏的风格。女同学应该大方而不轻浮，谈吐文雅端庄，以体现女性的阴柔秀雅之美。

男女同学间的交往和友谊是正常的，交往一定要适度，毕竟"男女有别"，应把握双方关系的度，控制自己的感情，避免超越异性交往的界限，否则会让自己情绪不稳定和心态不平衡，影响学业和身心健康。

小测试

看看你和同学间的关系如何？

(1) 你最近一次和同学交朋友，是因为： （　）
  A. 你认为不得不交朋友。
  B. 他们喜欢你。
  C. 你发现这些朋友令人高兴，愉快。

(2) 当你度假时，你是否： （　）
  A. 希望交到朋友，可是往往很难做到。
  B. 喜欢独自一个人消磨时间。
  C. 通常很容易就交到了朋友。

(3) 你已经定下了和几个以前同学的约会，可是却因为繁多的作业而疲惫不堪，无法赴约： （　）
  A. 不赴约了，希望对方会谅解你。
  B. 去赴约，但问对方如果你早些回家的话，他们是否会介意。
  C. 去赴约，并尽量显得高兴。

(4) 一个同学向你倾吐了一件极有兴趣的个人问题，你常： （　）
  A. 连考虑都没考虑，就把这件事告诉了别人。
  B. 根据情况决定是否要告诉别人。
  C. 为同学保密，不把这件事告诉别人。

(5) 当你的同学有困难时，你发现：　　　　　　　　　　(　)

    A. 他们不愿意来麻烦你。

    B. 只有与你关系密切的少数朋友才来向你求助。

    C. 他们愿意来找你请求帮助。

(6) 对于同学的优缺点，你的处理方法是：　　　　　　(　)

    A. 我相信真诚，所以对于我看不惯的缺点，我不得不指出。

    B. 我喜欢赞扬别人的优点，缺点则尽量回避。

    C. 我既不吹捧奉承，也不求全苛责他们。

(7) 在你选择朋友时，你发现：　　　　　　　　　　　(　)

    A. 你只能和你趣味相同的人友好相处。

    B. 兴趣爱好不相同的人偶尔也能相处。

    C. 一般说来，你几乎能和任何人成为朋友。

(8) 对于同学们的恶作剧，你会：　　　　　　　　　　(　)

    A. 感到生气并发怒。

    B. 看你的心情和环境如何，也许和他们一起大笑，也许生气并发怒。

    C. 和他们一起大笑。

(9) 对于同学间的矛盾，你喜欢：　　　　　　　　　　(　)

    A. 打听、传播。

    B. 不介入。

    C. 设法缓和。

(10) 每天上学以后，对于扫地、打水一类的琐事，你的态度是：(　)

    A. 想不到做。

    B. 轮流做。

    C. 主动做。

  对于每道题，答 A 得 1 分，答 B 得 2 分，答 C 则得 3 分。算算你自己的分数，看看你和同学的关系到底怎么样？

  分数在 15 分以下：你是一个不大合群的人，如果你确实想把自己的人缘搞好一点，你就需要改善一下你同周围同学的关系了。

  分数在 15～25 分：你和同学的关系还算可以，但还需要做适当的调整。

  分数在 25 分以上：你的人缘很好。

4.5 共青团礼仪

你知道吗？

　　1922 年 5 月，在党的直接领导下，中国社会主义青年团在广州召开第一次全国代表大会，成立了全国统一的组织，1925 年 1 月，在第三次全国代表大会上，决定将中国社会主义青年团改名为中国共产主义青年团。

　　团旗，是毛泽东、周恩来等同志亲自审定，并经党中央批准，于 1950 年 5 月 4 日由团中央委员会公布的。

　　团徽，是经党中央审定批准，于 1959 年 5 月 4 日，由共青团中央颁布的。团徽是由团旗、齿轮、麦穗、初升的太阳及其光芒，写有"中国共青团"5 字的绶带组成。团旗和团徽，激励着我国千百万青年团员为保卫祖国和建设祖国而努力奋斗。

　　中国共产主义青年团，简称共青团，是中国共产党领导的先进青年的群众组织，是广大青年在实践中学习中国特色社会主义和共产主义的学校，是中国共产党的助手和后备军。能加入中国共青团，是进步青年学生的理想与追求。

4.5.1 在团组织下锻炼成长

　　理想是美好的，追求是幸福的。只有选择了正确的航线，人生航船才能驶向理想的彼岸。

1. 成为一名共青团员的基本要求

　　(1) 追求更高的思想境界，热爱中国共产党，热爱社会主义祖国。

　　(2) 勤奋学习，锻炼身体，热爱劳动。

　　(3) 要遵守《中学生守则》，有良好的道德品质，有正确的是非观念，敢于同坏人坏事作斗争。

　　(4) 能团结同学，虚心向进步同学学习；能开展批评与自我批评；能团结周围的同学一同进步。

　　(5) 有一定的组织觉悟，积极参加团组织的各种活动，接受并努力完成团组织交给的各项任务，热爱公益劳动。

2. 接受团组织考察过程中应该注意的方面

（1）尊重培养联系人，虚心接受联系人的指导和帮助。
（2）积极参加各种活动，并遵守活动要求，不迟到，不早退，态度端正。
（3）尽心尽力完成团组织交给的各项工作。
（4）经常向团组织做书面或口头的思想汇报。

3. 团员入团仪式中的礼仪

（1）自觉遵守会场要求，提前几分钟到达会场，以保证仪式准时开始。
（2）仪式进行中应严肃、认真地倾听发言人讲话。
（3）宣誓仪式结束时，应有秩序地退场，充分体现团员的良好素质。

4.5.2　维护共青团荣誉

光荣的共青团员，要随时鞭策自己，在行动上高标准和严要求，发挥模范作用。

1. 团员在履行义务应注意的礼仪

（1）每天都应自觉将团徽佩戴在左胸上方，并随时随地自戒自律，讲求文明，努力奉献。
（2）自觉遵守团的纪律。
（3）积极完成团组织交给的任务。
（4）及时反映同学的意见和要求。
（5）关心同学特别是后进同学，帮助他们不断进步，向团组织靠拢。

2. 在行使团员权利时应注意的礼仪

（1）做事要有认真负责的态度。
（2）对待团组织要有主人翁责任感。每一个团员从入团的第一天起，就要把自己看成团组织的主人。
（3）解决问题要有实事求是的精神。对组织、对自己都应该实事求是，正确行使民主权利。

3. 体现团员的先进模范性的礼仪

（1）有鲜明的政治立场，自觉抵制资产阶级的腐朽思想。
（2）在班级和学校的各项活动中，应该处处走在前面，干在前面。
（3）积极倡导文明新风，从小事做起，从自己做起，逐步提高自己的思想素质，使良好的社会风尚得以保持和发扬。
（4）弘扬正气，对违反社会公德的行为要加以制止，发现违法犯罪行为要及时报告。

4.5.3 置身于丰富多彩的团组织生活

团支部的组织生活丰富多彩，有团课、民主生活会、学习活动、讨论会、报告会、主题演讲比赛、先进人物走访、调查采访，知识竞赛等多种形式。

在参加团的组织生活时，需要注意的礼仪是：

（1）按时参加组织生活，不无故缺席。

（2）积极想办法，出点子，使组织生活富有时代性，教育性、针对性。

（3）存在疑难问题和模糊认识时，应主动与团干部谈心，通过组织生活排除思想障碍。

（4）要主动开展批评与自我批评，诚恳地接受批评与指导。

4.5.4 高举团旗跟党走

青年党校通过党课来传授党的知识，丰富青年精神世界，培养进步青年。要求进步的同学，在成为一名共青团员后，就应该开始考虑怎样为走上政治道路的又一个阶梯而奋斗。

加入党组织的基本礼仪是：

（1）要对党有正确的认识，端正入党动机，时刻不忘全心全意为人民服务的宗旨。

（2）积极争取加入中国共产党，递交入党申请书后，要把决心落实在实际行动上，在学习、工作等方面都走在前面。

4.5.5 让精神世界更美好

你知道吗？

"国际志愿者日"的由来：

1971年，联合国志愿人员组织正式成立，其宗旨是动员具有献身精神并有一技之长的志愿人员，帮助发展中国家尽快实现其发展目标。1985年12月17日，联合国大会通过决议：从1986年起，每年12月5日为"国际志愿人员日"，其目的是在世界范围内弘扬志愿精神，宣传志愿者在社会和经济发展中的作用。

时代呼唤雷锋，雷锋精神将永驻广大人民心中。学习雷锋始终是共青团思想教育活动的主要组成部分。进入 21 世纪。这一活动体现了志愿者服务、社区服务、就近就便，多做实事的特点。志愿者活动是培养跨世纪社会主义事业接班人的社会实践。

在参加丰富多彩的青年志愿者服务活动中，要注意：

（1）关心公益事业的最基本表现是乐于助人。乐于助人是出于单纯和善良的动机，而不是为了扬名。

（2）参加社会公益劳动，要自觉遵守活动中的各项规章制度，不要抱着施舍的心态，要有礼有节。

（3）在劳动中，要积极热情，脏活、重活抢着干，为保持良好的环境卫生做贡献。

（4）讲文明、讲礼貌，使用文明语言，展现文明行为。

（5）自觉遵守社区文明公约，自觉遵守社区秩序，做社区的主人。

（6）要实事求是，踏实肯干。

小测试

（1）在哪些场合必须佩戴团徽？

（2）你是一个合格的团员吗？

（3）你是否打算参加"青年志愿者"组织？

4.6 校园公共礼仪

你知道吗？

一位老师问学生："你觉得自己还缺什么？"有的说缺知识，有的说缺能力，还有的说缺钱，唯独没有人说缺"德"。可见，很少有人把校园中存在着的不良行为和"德"联系起来。可是，上课时在课桌上乱涂乱画，还美其名曰"课桌文化"；教室外墙和天花板上的鞋印；阅览室里，把喜爱的内容撕下藏起来；在课桌椅下面看不到的地方粘有嚼过的口香糖；校园小道边"企鹅"垃圾桶外丢满了果皮、杂物……真的是像这些同学们觉得的那样"这是小事，与道德无关"吗？

公共场所，就是属于社会的、共有的、共用的场所。校园公共场所的每一善举都是你高尚美丽心灵的真实写照，在公共场所的任何无礼之举会都暴露出你自身修养的不足。所以公共场所是测试心灵的"实验室"，而规范行为的"金尺子"就是公德原则。

作为一名职业学校学生，应该遵守什么样的礼仪规范？

4.6.1 进出校门礼仪

图 4.10 学生进校门规范礼仪

平时在进出校门短短的一瞬间，你可能根本没有意识到你是如何进出校门的，没有感觉到这里面存在礼仪规矩。在某学校门口，每天的上学、放学时间，都有 10 名左右的身着校服的同学精神饱满，热情洋溢地站立在学校的门口，对进入校园的老师和同学行注目礼并致以亲切的问候，从这样隆重的欢迎队伍中间走进校门，你难道不会油然产生一种被尊重的感觉吗？你是否也应该给他们回敬一个注目礼，以表达你的敬意呢（图 4.10）？

1. 热情问候，举止有礼

学生应主动向老师问候。伴随着注目礼、面带微笑，行点头礼或鞠躬礼向老师问候："老师好""老师早上好"等，体现了学生对老师的尊敬。

学生问候老师时，态度要真诚，问候老师的语调应亲切悦耳，发自内心，不要冷漠敷衍或矫揉造作。

2. 出入下车，安全有礼

如果你骑自行车或摩托车，进出校门应该减速并下车推行，以免发生碰撞事故，造成不必要的安全隐患。对门卫阻止也充耳不闻长驱直入。

3. 佩戴证章，遵守纪律

校徽是学校的标志，进出校门正确佩带校徽、校牌表明你的学生身份，更有利于维持学校的正常教学秩序。

当值勤人员或值勤同学要查看校徽或证件时，应礼貌的予以配合。

正确对待值勤老师或同学的批评，不和值勤人员发生争执。

4.6.2　图书馆礼仪

图书馆和阅览室是公共学习的场所，到那里看书学习要讲文明，遵守社会公德。

应注意以下几点：

（1）在图书馆遇到熟人，不宜与他交谈，大声喧哗，只需点头示意即可；若有事需要工作人员帮助可走过去轻声相告，而不要大声召唤（图 4.11）。

图 4.11　在图书馆交谈

（2）步履要轻，不易过急；不可在图书馆里嬉戏打闹，乱叫乱跑；走路时管好自己随身携带的物品，尽量不使其发出声响。

（3）在阅览室里，入座起座动作要轻，物品、椅子都应轻拿轻放，不要拖拉。

（4）进入图书馆应一律将移动电话等通信工具关掉或调至振动状态，使用移动电话应在阅览室外轻声通话（图 4.12）。

图 4.12　图书馆里安静的阅览

（5）阅读时，读书、翻阅资料不要出声，也不要喃喃自语。

（6）不要在阅览室里休息、睡觉。

（7）酷爱音乐的同学，把 CD 机和 MP3 带进图书馆时，不要将耳机的声音开到很大的音量，以免让同学"敬而远之"。

你知道吗？

面对阅览室入口处张贴的"阅览须知"，一些读者仍然视而不见，不遵守规定。他们对开架书架上的杂志、报纸、图书胡乱涂画，甚至有的人在一些收藏价值的页面"开天窗"。爱惜图书，应不在书上注记、折页，不撕页或剪挖自己喜爱的资料、图片。

特别提示：在图书馆阅读时，遇到好文章或资料，可以把它复印下来（图 4.13）。

图书馆是公众学习、阅读场所，以下的礼仪要求，你也能做到吗？

（1）进图书馆和阅览室，要讲究衣着，整洁大方，不可穿背心、拖鞋。

（2）借阅、归还图书，或进行微机检索、复印等都要按顺序排队。

（3）查阅目录卡片时，不得乱翻，不在卡片上做记号。

（4）讲文明礼貌，不占座位，不把自己的书包放在旁边暂时没有人坐的座位上。

（5）保持环境的清洁卫生，不在室内吃东西、嚼口香糖，不乱吐或随手乱扔废弃物。

（6）看完的书籍要放回图书馆规定的位置。

（7）离开书馆时把自己的位置清理干净，将座椅向书桌靠拢。

4.6.3　集会礼仪

图 4.13　需要书中的资料，可以把它摘抄下来

你知道吗？

《义勇军进行曲》这首歌是田汉、聂耳于 1935 年创作的。原为电影《风云儿女》的主题歌，现为中华人民共和国国歌。

集会在学校是经常举行的活动，一般在操场或礼堂举行，由于参加的人数众多，又是正式场合，因此要格外注意集会中的礼仪。要保持集会场所的肃静和良好的秩序。

（1）升旗仪式礼仪。学生参加升旗仪式，衣着应整洁庄重，有校服的学校应要求学生穿校服。升国旗、奏国歌时，应队列整齐。全体同学庄严肃立、脱帽，表情庄重，向国旗行注目礼。唱国歌应严肃、准确、声音宏亮（图 4.14）。

（2）快静齐准的课间操。

一快。下课铃响后，同学们要迅速有序的走下楼梯，不要拥挤、推撞，以免发生踩踏事故。离开教学楼后，要跑步来到操场，按指定地点站好，准备做课间操。

二静。从离开教室到操场的过程中，不得大声喧哗。来到操场后，要保持安静，等待课间操开始，不追跑打闹，不扎堆聊天。从课间操开始到宣布解散，要听从领操老师的指挥，不得随便讲话。

三齐。按时出勤，不无故旷操。按要求排队，队列要整齐。按要求着装，服装要整齐。做操时，不东张西望，动作要整齐。

四准。准确领会老师的口令，动作到位。做操时，动作要有力、合拍、姿势准确。

（3）上台发言、领奖、表演时，走姿要稳健大方，站姿要端正，表情举止应自然大方，仪容要整洁干净。大会发言应先向师生和听众致礼，发言结束时要道谢。接受奖品、奖状时要用双手去接，并向授奖者行鞠躬礼致谢，然后面对台下，将奖品高举过头顶向观众展示后双手拿好贴放胸前。参加表演者对观众给予的热烈掌声应行鞠躬礼，微笑致谢，之后可从指定的台口上场和退场。

（4）参加开学、散学典礼或庆典仪式等集体活动时，应准时整队按秩序入场、退场。仪式进行过程中，要保持会场肃静，不随意说笑走动，不迟到或早退，不做与大会无关的事情。姿势要端正，必要时需统一着装。

（5）听报告、参加演讲朗诵等学生比赛活动、观看校园艺术表演时，应该尊重参赛者、表演者，按时到达会场，自觉遵守会场秩序，注意力集中，并适时报以热烈的掌声以示感谢、祝贺、鼓励。不交头接耳，不随便谈笑，更不可起哄、鼓倒掌。应该善始善终，不随便进退。

图 4.14　庄严的升旗仪式

（6）在集会结束离开会场时，也要服从会场工作人员的指挥，要按秩序退场，切忌一哄而上，争先恐后，使门口、楼道拥挤堵塞。

4.6.4　宿舍礼仪

宿舍是学生共同休息生活的场所。只有休息好，才能有旺盛的精力投入学习。住宿生不仅应该自觉遵守学校制定的住宿守则，还应该自觉遵守住宿生之间的一些礼仪，共同创造良好的生活休息环境。住宿生应遵守以下礼仪：

（1）遵循以礼相待，互相谦让、先人后己，助人为乐，礼让三先的原则。

（2）自觉遵守集体的生活秩序和作息时间，按时起床、入寝、熄灯，不影响他人休息。

（3）主动承担打扫、擦洗宿舍地板、桌椅门窗的劳动，保持宿舍整洁。

（4）被褥折叠整齐美观，衣服、鞋帽及其他生活用品摆放整齐，安放在合适地方。

（5）不随便翻动别人的物品，自己的钱物等贵重物品小心存放。

（6）在宿舍接待自己的亲朋好友，应与同宿舍同学打招呼，主动介绍，注意不要影响他人的休息。

（7）到其他宿舍串门应打招呼，经允许后方可进门，主动向其他同学致意，不随便坐别人的床，时间也不宜太长。

（8）到异性同学的单身宿舍串门，应注意礼节，逗留时间不宜长，谈吐文雅，举止行为自尊、自重。

日常生活中，同学间朝夕相处，难免会发生一些矛盾和不愉快的事情，大家应克制自己，宽以待人，互相谅解。多从自己身上找错误，即使自己是正确的，也应心平气和地说明道理，要得理让人。

4.6.5　餐厅就餐礼仪

俗话说："人是铁，饭是钢"，人不能不吃饭。在学校里，学生通常吃饭的地方是学校的餐厅。餐厅是一个重要的公共场所，而不是自己家里的小厨房可以为所欲为，在餐厅的所作所为要考虑到自己的学生形象，在餐厅就餐也要注重一定的礼仪（图4.15）：

（1）敬人要有礼。说话应礼貌，要尊重工人劳动。

（2）就餐应守秩序。要自觉排队，礼让不拥挤。

（3）吃饭应讲礼仪。保持安静，不大声喧哗，姿势端正，吃相文雅（图4.16）。

（4）卫生要讲究。不随地吐痰、泼水、扔包装袋。

（5）节约是根本。爱惜粮食，按量购买，不乱倒剩饭剩菜。节约用水，洗手刷碗应随手关好水龙头。

图4.15　餐厅有秩序的排队

图4.16　安静的用餐

4.6.6　观看体育比赛、演出礼仪

1. 观看体育比赛礼仪（图4.17）

为了丰富同学们的课余生活，使大家在紧张的学习之余得以放松，学校或学生会、体育部会经常组织各种体育比赛，如运动会、篮球赛、足球赛……运动员在赛场上生龙活虎、努力拼搏，为班集体争夺荣誉。其他同学做拉拉队员，为参赛的同学呐喊、助威。

图4.17　有秩序看比赛

在体育场观看比赛，做一个文明拉拉队员的条件是：

（1）要准时到场，最好在正式比赛还未开始时就到场，为本班的参赛同学鼓舞士气。

（2）比赛开始后，随着比赛高潮的出现，拉拉队要体现整体性，要适时加油、喝彩，但不能忘乎所以、大喊大叫、吹口哨等。

（3）兄弟班级的拉拉队员要相互尊重，相互理解，相互为对方参赛同学加油、喝彩。不要给对方的参赛同学鼓倒掌、起哄。

（4）在本班队员失利后，要面对现实，保持冷静。要安慰本班队员，继续鼓励他们，不要恶语伤人，更不应迁怒于胜利者或裁判员。

（5）在比赛过程中，拉拉队员要始终保持饱满的精神面貌，本着"重在参与"、"友谊第一，比赛第二"的原则，为整个比赛增添蓬勃的气氛（图 4.17）。

观看体育比赛应遵守以下礼仪。

服饰得体提前入场，要按号就位；专心观看尊重他人，不中途撤退；赢球了要报以精彩掌声来叫好；输球了要给予加油、呐喊和助威；激动之时要控制情绪，不要失礼；乱扔饮料扰乱秩序，有失文明；不说泄气埋怨他人、不礼貌的话；友谊第一比赛第二，一定要记牢；比赛结束要掌声感谢所有运动员；讲究卫生，人走场净，退场要有序。

2. 观看演出礼仪

观看演出是一项充满审美情趣的活动。在学校，观看文艺演出、校园文艺晚会，都要有与其气氛相协调的文明言行（图 4.18）：

（1）提前入场，不要因为迟到而影响到他人的观看。

（2）按指定的地点或座位就坐。

图 4.18　看演出

（3）观看演出时，言谈举止文明。

（4）中途不随便退场。

（5）尊重演员的艺术劳动，适时鼓掌。

（6）演出结束后应有秩序地退场。

4.6.7　公共厕所礼仪

你知道吗？

厕所反映了一个社会的文明状况，反映了一个人的素质。如果你在厕所看到不卫生行为时，如随地吐痰、随地小便，随手丢烟头、高声讲话，满是"厕所文化"的墙壁和门口等，你是否感到缺乏公德意识的可怕？

在使用公共厕所时应遵守以下礼仪：

（1）如果有人在使用公厕，后来者要在规定的区域内排队等候。

（2）用完公厕后要放水冲洗，方便随后使用的人。

（3）保持厕内的卫生，不随处吐痰，手纸用后放进纸篓。

（4）上厕所时要关上门，以免使自己或他人难堪。

（5）用完厕所出来时，请将门敞开，以免后来人误会而在外等候。

（6）便后洗手要小心，弄得到处都是水是没有修养的表现。

特别值得一提的是：要按照卫生间冲洗设备的装置，用手或脚放水冲洗。别忘了"来也匆匆，去也冲冲"。

图 4.19 和图 4.20 是一些不文明的如厕行为。

图 4.19　用脚踢门

图 4.20　用完公厕大开
水龙头离去

4.6.8　遵从网络礼仪

计算机互联网已经走进了我们的生活，网络的发展增进了我们与外界的交往。在网络上与他人聊天也需使用礼貌用语（图 4.21）。

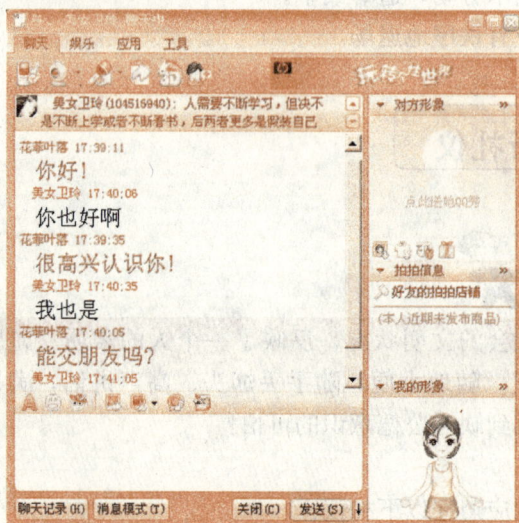

图 4.21　QQ 聊天注意礼貌用语

你知道吗？

《全国青少年网络文明公约》
要善于网上学习，不浏览不良信息；
要诚实有信交流，不侮辱欺诈他人；
要增强自护意识，不随意约会网友；
要维护网络安全，不破坏网络秩序；
要有益身心健康，不沉溺虚拟时空。

　　没有礼仪的地方，是没有文化的地方，不懂礼仪的人是不文明的人。作为一个 21 世纪的中职学生，你在公共场所的一言一行，从仪表仪容到行为举止，不仅能反映你个人的内在素质，还会引起人们对你的为人处事的联想。校园就是我们的家，整洁干净的校园需要我们去爱护、维护，如果你能从小事做起，从身边做起，从点滴做起，从自己做起，我们的校园会更美丽。

小测试

　　1. "学校无小事，事事皆育人"，你对这句话是怎样理解的？
　　2. 找出自己行为习惯中不符合"校园礼仪规范"要求的地方，制定改正的措施和计划。
　　3. 同学们，你能在 1 分钟之内说出 10 个在观看演出时不尊重演员，不专心观看的礼仪行为吗？请将准确的答案填在下面的方框里。
　　小提示：如果你还没有想好，暂时答不出来，你可以请你身边的同学帮助你。都说"礼多人不怪，逢请必谢"。你对帮助你的她（他）说"谢谢"了吗？

①_____
②_____
③_____
④_____
⑤_____
⑥_____
⑦_____
⑧_____
⑨_____
⑩_____

第5章 社交礼仪

● 了解社会交往中有关的礼仪知识，包括社会交往中的见面礼仪、介绍礼仪、聚会礼仪、餐饮礼仪等常识。

● 掌握与他人认识时诸如握手、鞠躬、介绍、递送名片等礼仪动作要领和礼仪规范。

● 通过实践提高自己待人接物的素质，培养落落大方的社交能力。

一家著名的外资企业招收新员工，小谭把自己精心打扮了一下，并把自己的材料整理得整整齐齐，作为一名重点职业学校的优秀毕业生，他对自己相当自信。应聘那天，他和面视官面对面的交谈了，并顺利的递上了自己的材料。然而，他没等到入选通知，相反是另外一个其貌不扬，普通学校毕业的毕业生顶替了他。小谭百思不得其解，主动写信询问考官，考官告诉他，对他的专业、外貌，公司是无可挑剔的。可对他的为人素质则不敢肯定，因为小谭进门时没有敲门，没打招呼就坐下，并且翘起了二郎腿，谈话时不停的抖动脚，当面视官离开时，小谭因为无聊而开始翻动面视官放在桌上的资料……

为什么作为优秀毕业生的小谭反而竞争不过一个普通学校的毕业生呢？

年轻人总希望在学校得到老师的认可，生活中希望得到别人的欣赏，工作中渴望单位的承认和重视，但在成长中总会遇到诸如此类的烦恼，其实小谭等的烦恼在于他们没有掌握好与他人在社会交往中的礼仪，没有注意与人交往应注意的礼仪细节，因而导致他人对他们的不认可。职业学校是一个较为特殊的教育部门，职业学校的学生除要求学好扎实的技术知识，还要求学会一些基本的社会交际礼仪，具备进入社会，顺利从业，能应付各种各样人际关系的综合素质，这样才不至于在工作中失利。那么进入社交场合要学习哪些礼仪知识呢？

5.1　称呼和介绍礼仪

小李代表公司给一个老客户送生日礼物，在一个豪华小区小李敲开了一户的门口，出来的是一个大约40岁的女士，小李微笑着将礼物双手送上说："夫人，这是我们公司赠送给您的一份生日礼物，请您收下。"可这位女士看上去非常的不高兴，把礼物一手接下，哼了一声，将门重重的关上了，小李脸上的笑容都僵住了，刚才出来还满脸笑容，怎么一下就变了脸色，谁得罪她了。

为什么小李很热情的给客人送生日礼物，客人反而不开心呢？

5.1.1　称呼礼仪

一般来说，称谓是随交情的递增而逐步变化的。在非正式场合，称呼不认识的人可以用"先生"、"女士"、"同志"、"师傅"等，关系近了以后就称全名，再近时就称"小×"、"老×"，再近一些，就可以称兄道弟了。

作为职业学校的学生，今后走上社会后要接触各种类型的人，要知道在不同的场合如何得体的称呼他人，那么我们要掌握哪些称呼礼仪呢？

1. 正式场合的称呼

(1) 一般称呼。对公务员、事业单位的工作人员，政府官员、军人、警务人员、党派人士可互称"同志"（但要注意"同志"的称呼不适合港、澳、台地区）；除此之外对男性尊称为"先生"，对女性可称为"夫人"、"太太"、"小姐"或"女士"等，当了解到对方的姓氏时要在第一时间内冠之以姓氏，如"李先生"、"王小姐"、"张女士"等。在国外，"小姐"只能称呼未婚女性，"夫人"则称呼已婚女性，在有婚后从夫姓习俗的国家，一般在"夫人"、"太太"前加上夫家的姓。

(2) 职务称呼。如果对方有职务，应称呼对方的职务，如"局长"、"主任"、"科长"、"校长"、"所长"、"经理"等，在职务前面冠以姓氏，如"黄部长"、"于总经理"、"冯科长"、"刘董事长"等。一般说西方国家的人在私人场合不大喜欢别人称呼自己的职务称呼，这时用职称、头衔、姓名称呼更合适。

(3) 职称称呼。对于一些专家、学者或不适合称呼职务的地方，对方有职称的，应称呼其职称，如"博士"、"教授"、"上校"、"中尉"等。

(4) 职业称呼。如"医生"、"老师"、"警官"、"服务员"、"护士"等职业称呼，对于一些技术工人或有手艺的人可以称呼他们"师傅"。

(5) 模仿亲属的称呼。如"爷爷"、"奶奶"、"伯父"、"叔叔"、"阿姨"、"大哥"、"大姐"、"大嫂"等。但一些明确的亲属称谓不能使用，如"表哥"、"舅娘"等。

(6) 其他。一般同事、朋友之间可直呼全名或名，也可只称姓，如"小王"、"老黄"。如对方是德高望重的老人、学者、老知识分子、老革命家，可在姓后加上一个"老"字表示尊称，如"黄老"。有些外资企业流行使用外国名字，但只适合于在公司内部称呼。

2. 称呼的禁忌

(1) 避免错误的称呼他人，例如，读错他人的姓，将未婚女士称呼为"夫人"等。

(2) 避免使用地域性的称呼造成误会。例如，北京人喜欢称呼别人"师傅"，山东人则称为"伙计"，南方人把小孩称为"小鬼"，中国人常把配偶称为"爱人"，如果不分对象的一律照搬就可能引起误会。

(3) 避免使用低级庸俗的称呼和不尊重他人的称呼。例如，不能在正式场合使用"兄弟"、"哥们儿"、"靓女"、"姐们儿"等一类的称呼，不能使用"老头"、"当兵的"、

"老奶"等称呼。

（4）不要使用绰号称呼。值得提醒的是，年轻人喜欢追求时髦，往往把一些学到的自认为时髦的称呼用在他人身上来表示亲近，例如，在严肃的场合称呼别人"美女"等。

5.1.2　介绍礼仪

你知道吗？

已经在邮电局上班的秋玉和初中同学丽丽周末去逛街，路上正好遇到秋玉的上司王经理，高兴的和上司打过招呼后，秋玉拉过同学说："丽丽，我给你介绍一下，这是我公司的王经理，王经理，这是我的初中同学丽丽"，这时王经理脸上露出了一丝不快，但还是对丽丽点点头说："很高兴认识您"……

王经理为什么脸上露出了不愉快的表情？

生活中我们总会结识新的朋友，得体的认识方式会为我们带来好的人缘。有的时候我们必须要作为中间人为他人互做介绍，你知道为他人做介绍要遵循什么礼仪吗？

一般来说，介绍分三种形式，即自我介绍、他人介绍和互相介绍。介绍是人际交往的礼节之一，应合乎礼仪规范。

1. 为他人做介绍

为他人做介绍时，应遵守以下原则。

（1）正确的介绍顺序是：遵循"把身份低者介绍给身份高者"的原则，例如，把下属介绍给上司；把年少者介绍给年长者；把男士介绍给女士；把与自己关系密切的介绍给与自己关系较疏远的，把未婚者介绍给已婚者。

一般来说公事场合要考虑职务高低，其他场合主要是先考虑年龄、性别，如果是介绍一位男士和一位女士认识，男士的身份或年龄比女士要高，应把女士介绍给男士。

（2）介绍时的语言要准确、得体，不要把被介绍者的名字、职务弄错。不要使用一些命令式的语气，例如，"过来，和王经理握一握手""小于，去和黄先生握一握手"等。

（3）记住被介绍人的姓名，至少要记住对方的姓。善于记住别人的姓名是人际交往时重要的基本功，当介绍对方与你认识后，应立即说："某某，与你认识很荣幸"或"某先生，很高兴认识您"切不可在刚介绍完后，又问对方一句"尊姓大名"。

（4）表示出亲热与友善。在别人介绍到自己时，一般应站立或欠身致意，女士和长者可不必起立，如果是在会议桌上也可同时坐着点头致意。当你被介绍给一位陌生的朋友时，一定要表示热情和友善，按握手的先后次序礼貌、主动地与对方握手表示欢迎，为以后的交往铺平道路。

（5）在介绍某位尊者或女士时应先征求他们的意见，应说"某先生（某女士），是否允许我向您介绍一下某某先生?"得到允许后方才介绍,不要冒失的擅自介绍。

(6) 在行政及公事场合,向大家介绍到会人员一般考虑各人的行政职务,从高到低的依次介绍,如果是非正式场合或无法比较身份高低,应按先后顺序,如到会先后、签到先后、座位先后、姓名笔画及按英文字母顺序等做介绍。

2. 自我介绍

在与朋友聚会时有时需要主动向他人介绍自己,表达自己愿意和他人认识的意愿,做好自我介绍可以在最短的时间把自己最美好的一面表现出来,可以让你很快的赢得他人的友谊和认可。

(1) 说好第一句礼貌话。做自我介绍时要注意开头语要礼貌,例如"大家好,请允许我自我介绍一下,我是……"

(2) 在正式场合,介绍用语要规范,准确、简练的把自己的情况向大家说明。在社交场合则可以幽默轻松的方式介绍自己,最好把自己个性特点说出即可,不要过分的把自己的各种头衔、社会职务一一罗列。

(3) 参加应聘则注意要大方自信,既把自己的优点、成绩说出,又不要浮夸,更不能无中生有,介绍使用的语言尽量有逻辑性,不要过于啰唆拖沓,条理混乱。

(4) 注意自己的仪态和表情。把自己介绍给别人要大方从容,不要有不雅观的小动作,例如抖腿,低头,眼睛游离不定,或因为害羞而手足无措的拉扯衣角。

3. 名片礼仪

在社交场合会遇到他人在相互介绍后为加深印象而互递名片的情况,礼貌的接受名片也是必须了解的礼仪。

(1) 名片的分类。名片可分为普通社交名片和公务、职业名片。社交名片比较简单,主要是自己的名字和电话,公务和职业名片则要把公司的名称地址以及自己的职务写上。

(2) 名片的作用。一是用于商业性的联系和交际,二是用于社交中的礼节性拜访,三是表达感情或是用于祝贺的场合。

(3) 名片的使用。

① 赠送礼物时可以将名片包在礼物里或附在礼物外面(由别人代送时)。

② 当朋友请人送来礼品或书信时,可将名片作为收条或谢帖。

③ 递送名片时应使用双手,将正面朝向对方,接过名片时要仔细的看一下,必要时可轻声念出或向对方请教。如果继续谈话则将名片正面朝上放于桌子的右上角,不可在上面压置任何物品(图 5.1)。

图 5.1 递送名片姿势

④ 将名片放入包内、钱夹内或上衣口袋妥善保管,不要在上面乱涂乱画。

如果名片使用完,则礼貌的告诉对方:"对不起,名片已经发完,以后有机会回赠您。"

小测试

1. 练习互递名片。

2. 准备一份有特色的自我介绍词，向同学们介绍自己。

3. 你和同学出去逛街，遇到以前的初中老师，你会怎么介绍。

5.2 见面与约会礼仪

5.2.1 见面礼仪

你知道吗？

小韦是电子专业的学生，在参加全市的技能大赛时小韦获得了一等奖，在颁奖晚会上出现了一个意外的插曲，德国一个职业学校的教师团正好在本市做友好访问，组委会邀请其中一位老教师作为颁奖嘉宾，这位老教师把奖状递到小韦的手里，然后伸出双臂拥抱了这位已经快晕倒了的小姑娘，小韦事后回忆：我当时全身僵硬，根本不知道我该怎么反应，脸红到了耳根……

如果你是她，你如何反应呢？

有时我们要参加一些活动，有时我们要结交一些新朋友、新同事、新客户，有时和老朋友见面我们要用一些方式来表示自己的兴奋和欢迎，那么和他人见面时，我们要掌握哪些见面的礼节呢？

1. 握手礼仪

你知道吗？

在人际交往中，人们不可避免地要经常彼此握手，这在许多国家已成为约定俗成的礼仪。据说在原始时代，在人类才刚刚从动物界脱胎出来，还带有几分野蛮时，人们不仅在狩猎或战争中，而且在日常交往时，手上常常带着石块等武器，以防不测。在与人交往时为了表示自己的友好，说明自己没有携带武器，于是将两手摊开伸出，这是人类最早的见面礼，后来演变成用手友好地轻轻碰触，最后演变成现在通用世界的握手礼。

人们见面习惯握手问候；认识时握手表示致意；分手时握手表示告别；得到帮助握手表示感谢；当别人取得成就时握手表示问候；遇到别人伤心时也可握手表示安慰。可以说，握手在人们生活中起的作用不可忽视。

(1) 握手的动作。(图 5.2) 握手应伸出右手，掌心朝向左边打开，距离对方约 1~2 步左右与其握手，身体正面向着对方，上身稍前倾，两足立正，双眼注视对方，面带微笑，握手时可以微微点头或鞠躬。

图 5.2　握手姿势

你知道吗？

小王代表公司去接待一个远道而来的客户，在机场见到客人后，小王很自然的主动与客人边寒暄边握手，并帮助客人把行李提上了车，回到公司后，小王正好遇到了以前和经理去拜访过的某公司总经理，小王同样很高兴的边打招呼边热情的伸出了手……

小王的行为是否符合礼仪呢？

(2) 握手的先后顺序。

握手表示愿意和他人认识，但要讲究先后次序。

① 在身份高者、长辈和女性伸出手后，身份低者、晚辈和男性才立即伸手相握。

② 有客来访时，主人有义务主动伸手表示欢迎。

③ 在社交场合无论谁先向我们伸手，即使他忽视了握手礼的先后顺序已伸出了手，都应看做是友好、问候的表示，应马上伸手相握，拒绝他人握手是很不礼貌的。

(3) 握手的禁忌。

① 用左手与人相握。

② 同时左右开弓和两人握手，或交叉握手。

③ 握手时带着手套握手，但女士有时可以例外。

④ 握手时手不清洁。

⑤ 握手后有意无意地擦拭手掌。

⑥ 有人与自己握手时磨磨蹭蹭，或者露出无奈的表情。

⑦ 握手软绵无力或握手力度太大。

⑧ 握手时将另一只手插在衣兜里。

⑨ 戴着墨镜或嘴里叼着香烟和人握手。

⑩ 拒绝与他人握手。

2. 鞠躬

(1) 鞠躬礼的规范要求 (图 5.3)。

鞠躬时两脚并拢，呈立正姿势，两手下垂于身体两侧，或双手合放在体前，身体正面向着对方，鞠躬前注视对方，

图 5.3　鞠躬姿势

鞠躬时身体上部向前前倾15°～90°，视线随着鞠躬的方向移动，随后恢复原态。鞠躬的速度要适度，过快过慢都不能表达准确的意思。通常平时的打招呼，简单问候以及朋友之间的见面行15°礼；遇见长辈、上司问候或表示欢迎时行30°礼；表示感谢、道歉或敬意时则行至45°礼才有诚意。

（2）鞠躬礼的礼仪要求。

① 晚辈、下级、学生应向长辈、上级、老师行鞠躬礼，尊者还礼时不用鞠躬，点头回礼即可。

② 鞠躬时应脱下帽子，不能将手放在口袋里，也不能边走边鞠躬，要面向受礼者站定后才行礼。

图5.4　合十礼姿势

③ 90°鞠躬是一种很郑重的鞠躬方式，使用时要看对象和场合以及所要表达的意思，一般是表达哀悼、深深的道歉、谢意才使用。

④ 三鞠躬一般是在婚礼，或参加悼念活动时应用，行礼时应脱下帽子，摘下围巾，身体向前倾90°，连续做3次，鞠躬的速度要缓慢而稳重。

（3）注目礼。行注目礼时，应立正站好，面向受礼者，同时注视受礼对象；升国旗时应始终目送国旗升上杆顶；接受检阅时，要目迎目送，左右头部摆幅在45°左右，正视检阅者，礼毕将头和目光转正。

（4）合十礼（图5.4）。与佛教人士打招呼时应使用合十礼，遇到别人向你行合十礼也应还以合十礼。在东南亚信奉佛教的国家，合十礼已成为人们互致问候的常用礼节。

行合十礼的要求是：双手掌心及手指相对合拢，置于胸前，表情应祥和安静，以表示敬意。在泰国等行合十礼的国家，面对长辈、高僧、尊者应将双手举高至头部，举得越高，表示越尊重，而尊者还礼则不能高于胸部。

（5）拱手礼。拱手礼是我国的传统礼仪形式，大多在春节团拜和同事朋友间祝贺时使用，行拱手礼的要求是：行礼时立正站好，左手包住右手，在胸前停住，注视对方，前后微微摇动，注意行礼时不能弯腰。

（6）拥抱礼、亲吻礼。拥抱礼、亲吻礼是西方的礼节。拥抱礼在国际上较为流行，在迎宾祝贺等隆重场合较常使用。行拥抱礼时，两人相向而立，右臂在上，扶抱住对方的左肩上，左臂扶在对方的后腰，按自己的方位，两人的头部和上身向自己的左方拥抱，随即放开，完整的拥抱要求向左、再向右、再左共3次。拥抱有时是热情的拥抱，有时是纯礼节的，要求不能与对方过分的接触和紧抱，轻轻一拥随即松开。

社交上的亲吻礼是用唇部去接触对方的脸颊部，先左再右。亲吻对方时要按双方的关系，长辈可以亲吻晚辈的额头，平辈之间可互吻脸颊，而唇部则是恋人才能亲吻。吻手礼一般是男士亲吻女士、位低者亲吻位尊者的手背或戒指。

（7）致意。致意是较为常用的礼节，有微笑致意、点头致意、欠身致意、脱帽致意、招手致意等。当与人相遇，无论认识与否都可以微笑、点头的方式向对方打招呼；在社交场合，当坐着时，如果向众人介绍到自己时，可以不必起立，将身体稍稍半前倾，弯一弯腰，微笑点头即可；在室内，应该将帽子摘下，在室外，遇到他人，可以用右手捏住头上的帽子前沿，微微抬离头部，而后头稍向前倾致意表示问候。如果是礼帽，则可用右手拿着帽檐，将帽前缘稍向下倾致意即可。

5.2.2　约会礼仪

你知道吗？

同学们，看了这幅漫画你有何感想（图 5.5）？

当今的世界是竞争和效率的时代。时间就是效率，时间就是金钱。人们的时间观念普遍比以前强得多。在社会交往中，能否守时践约将直接关系到交往的效果。因此，必须树立严格的时间观念，在约会中不失礼。

图 5.5　等待约会中的男人

1. 提前订约

要与人相约应提前以电话、口头或信件的方式向对方发出邀请，临时邀请是不礼貌的。提出约会者语气应平和，用请求或商量的语气，不可气势汹汹地直接给对方下达约会的指令，迫使对方服从自己的意愿，约会双方应协商而定，明确约会时间和地点。

2. 委婉拒绝

当需要拒绝时，要说明不能赴约的理由，有时要学会说"不"，因为勉强赴约，双方都可能不愉快，但拒绝时不要使对方感到失面子或不愉快，更不能伤害其自尊心。

3. 准时赴约

约会一旦确定，就应准时赴约。作为立约人应提前到达约会地点，做好必要的准备，不能让对方等候。

若没有特殊情况，不得擅自变动约会的时间与地点。如需变动应提前向对方说明原因，并致歉，然后由对方提出新的约会时间和地点。

4. 切勿无故失约

对于约会应极其重视，无故失约是对他人最大的不尊重。在约会时早到或晚到同样是失礼。如有特殊情况迟到，应向对方说明原因并道歉。而当对方确有原因失约或迟到时，我们要予以谅解，在对方说明原因并道歉后，可说些安慰的话。

5. 礼貌相约，照顾周到

在社会交往时，如同时邀请多方人员参加约会，应提前向各方加以说明，并征得同意，避免出现尴尬。如果自己不是主办人或邀请人，不能擅做主张，邀请别的人参加，应提前向主人说明，原则上，不应将未受邀请的人带来参加。

小测试

1. 练习同性之间的握手、异性之间的握手。

2. 练习 15°、30°、45°鞠躬礼。

3. 练习行注目礼、合十礼、拥抱礼。

4. 模拟练习与他人定约，题材不限，注意掌握询问的技巧，要求明确无误的传达信息，以平等、请求、协商的语气与对方定约。

5.3 观看演出与乘车礼仪

5.3.1 观看演出礼仪

你知道吗？

美国总统罗斯福的夫人有一次去观看一场钢琴演奏会，在演出期间她接到了白宫打来的加急电话，当时罗斯福总统病得很重，罗斯福夫人已隐约猜到了总统的情况很不好，但她没有立即退场，而是在钢琴家演奏完一曲后，当面向钢琴家道歉后才离开……

1. 剧场礼仪

（1）观看歌剧、音乐会时，应准时或提前入场。如果迟到，最好在幕间入场，如果是观看电影，没有幕间，则应提起脚跟悄悄地行走，找寻自己的座位，同排的观众协助你入座，应说一声"谢谢""对不起"。

（2）在影剧院入座的次序，有一条不成文的规则，就是男士应当坐在靠近过道的位子上。

（3）不要把有果皮如花生、瓜子之类的食物带入影剧院内，而观看高雅的音乐会、歌剧，绝对不能携带零食。

（4）观看电影、戏剧时，应摘下帽子，以免遮挡后面观众的视线，观看时坐姿要稳重，不要经常左右晃动。如果不小心碰到了别人，应主动道声"对不起"，避免发生口角。

（5）有人喜欢在光线灰暗的影剧院里亲热。这是恋爱中的某些男女最容易犯的毛病，也是不高雅、不文明的行为，应该克制。

（6）节目演出或电影放映时，要保持安静，不要谈笑、附唱或以手击拍。有的观众喜欢当义务讲解员，在演出或放映过程中，高声解说和品评，这样做会影响其他观众的欣赏。

（7）对于每位演员的演出都应报以热烈的掌声，不能厚此薄彼。全部节目演毕，应向演员热烈鼓掌表示谢意，等待演员谢幕后再行离场。谢幕时，不要拥到台前围观，也不要在演员还没有出来谢幕时就转身离开。

（8）在影剧院举止要文雅，决不可有侮辱演员人格的粗野行为。即使演出的节目不对你的口味，或出了差错，也决不能对演员起哄、吹口哨、发嘘声、鼓倒掌、怪叫等，要避免做不文明的观众，要使演出秩序井然地进行下去。

（9）看电影时如遇中途片断，应对放映人员采取谅解态度，耐心等待，不要喧闹、吸烟或离开座位随意走动。如无特殊原因，不要中途退场，不得已须中途退场，离座时要慢步轻声，并尽可能在幕间退出。

2. 鼓掌的礼仪

向他人鼓掌可以表示欢迎、祝贺、鼓励、感谢等情感。这是一种常用的礼节。鼓掌主要有三种方式：

（1）严肃的鼓掌：在会议等严肃正式的场合，鼓掌应正襟危坐，两手放置于胸前，鼓掌亢奋而有节制，和大家保持一致，不发出其他声音。

（2）兴奋而热烈的鼓掌：举臂过顶，掌声热烈密集，伴随着欢呼声。

（3）含蓄的鼓掌：当向别人表示祝贺时可轻轻拍打手掌；当接受别人的欢迎时也可以轻轻而有节制的鼓掌回应。

5.3.2 乘车礼仪

1. 乘公交车礼仪

目前我国公共交通事业还不够发达，车少人多，乘车高峰时十分拥挤，在这种情况下，更要讲究乘车文明，维护乘车秩序，保证车辆正常运行。

（1）在上下班高峰期，人多拥挤，摩肩接踵和踩脚的事情是难免的。一旦发生这类事情，双方应互相谅解，不能训斥对方，拉开"战幕"。

（2）自觉遵守乘车秩序，排队乘车，互相礼让，对乘车的老人、儿童、孕妇，要给他们让座，帮助他们。当你为别人让了座位听到感谢时，应自谦地说："不用客气。"

（3）文明乘车，还表现在乘客之间要相互礼让，相互照顾。自己先上了车，应主动往车厢内移动，以免塞住车门，妨碍车下的乘客上车。

（4）如果伤风感冒、咳嗽、打喷嚏，要用手帕捂住，防止传染给别人。

（5）乘车时，要保持车辆清洁，不要随地吐痰，不乱扔果壳、瓜皮，亦不要抽烟。如果随身带着湿的或者脏的东西，要妥善放好自己的东西，最好临时包装一下，免得弄脏了其他乘客的衣服，雨天上车后，雨伞的尖部分应朝下，防止戳伤别人。穿雨衣时，上车后应迅速脱去，以免雨水沾湿别人。切忌把危险物品带上车，以免危害乘客的生命和财产安全。夏天乘车时，不要穿拖鞋、背心、三角裤，这样会显得不文明。

同学们，你身边出现过这样的画面吗（图 5.6）？如果你在车上你会如何反应？

图 5.6　这样做是正确的吗?

2. 乘坐轿车的礼仪

你知道吗?

小云在一家房地产公司实习，有一天公司临时派她去车站接几个远道而来的客户，小云是个非常热情好客的女孩，在接到客人时她首先拉开了她认为最舒服的副驾驶座的车门，热情的招呼道："王总，您请!"可那位王总脸色一下沉了下来，事后，经理把小云叫去训了一通：你怎么让对方的老总坐副驾驶座呢?

小云把她认为最舒服的位置让给客人坐，难道不对吗?

3. 轿车的位次

乘坐轿车时讲究位次的高低，一般对于位尊者（上司、长辈、女士、客人等）要求请坐"上座"，按国际惯例，确定一辆轿车座次的尊卑，要考虑以下几个原则：

图 5.7　开车门姿势

（1）当驾驶者为专职司机时，一般以车上的后排右座为第一上座，以下依次是：后排左座、后排中座、副驾驶座。

（2）当驾车者为主人或位高者，第一上座为副驾驶座，无论是多少客人都应优先安排副驾驶座，一般安排身份与主人一样，或和主人比较熟悉的人。

（3）客人如果是自己主动选择了座位，那么他选择的即是上座，只能悉听尊便，而不要纠正。

（4）在座次的安排上还要考虑安全和舒适等因素。例如出于安全考虑，位尊者会选择坐在后排中间。如果车型是中间或前排较为舒适，则该座位即为上座。

4. 其他

(1) 乘坐轿车时通常由主人为客人、下属为领导、晚辈为长辈、男士为女士提供开关车门的服务，照顾他们上下车。开门应按照先开后右车门，再左车门的次序，为对方开车门时要用手遮挡一下车框提醒对方不要碰头，最后主人等才从左侧后车门上车。有时如遇到客人不便先上车时，主人也不必过分谦让（图 5.7）。

图 5.7　女士下车姿势

(2) 女士乘坐轿车应注意上车姿势，先让臀部斜坐入车子，随后才将头及双脚移进去，下车则先将双脚先移出，然后身体离开座位。(图 5.8)

小测试

1. 10 人为一组（包含 5 男 5 女），模拟观看电影或歌剧的场景，运用参观演出礼仪规则进行练习。

2. 上学或放学回家的公交车上，自己注意乘车礼仪进行练习，并时刻注意乘坐公交车的礼仪，以此作为一种乘车习惯，而不只是练习。

3. 如有条件，适当进行乘坐轿车的礼仪练习。

5.4　宴会礼仪

宴会可以创造亲切、融洽的交际气氛，是人际交往中常见的聚会形式，尤其在饮食文化历史悠久的中国，它是沟通人的情感，密切人与人之间关系的重要手段。

5.4.1　宴会的分类与安排

1. 宴会的分类

宴会可以按照不同标准分为不同的种类。
(1) 按规格可以分为：国宴、正式宴会、便宴、家宴。
(2) 按性质可以分为：鸡尾酒会、冷餐会、茶会、招待会。
(3) 按目的可以分为：欢迎宴会、答谢宴会、欢送宴会。
(4) 按形式可以分为：早宴、午宴、晚宴。

2. 宴会的安排

（1）宴会规格与形式。宴会规模的大小必须与嘉宾的身份、宴请人的身份相宜，宴会形式的选择必须切合宴会的目的和名义。一般国宴只限于政府首脑接待外国首脑，或者国家元首为庆祝国内重大的节目而使用。接待嘉宾，如果是官方性质的，则采用正式宴会、招待会、茶话会等形式，如果是私人关系的，则选择便宴、家宴比较合适。

（2）宴会地点的安排。地点的选择必须与宴会的规模、形式相一致，如国宴可以安排在国家最庄严、最隆重的招待场所，我国人民大会堂、钓鱼台国宾馆就是经常举办国宴的场所。

（3）宴会时间的选择。一般要与主宾商量，征求客人的意见，尽量避开客人的节日、假日和工作繁忙的日子。例如，西方客人禁忌十三和星期五；伊斯兰教徒禁忌在斋戒日太阳未落山时进食；我国港澳同胞禁忌"四"，认为它是一个不吉利的日子。

（4）宴会邀请。举办宴会，必须向客人发出邀请，形式有多种，如请柬、邀请信、电话等。正式的宴会要向客人发请柬，一般是一人一份（夫妇共一份）。请柬上必须注明宴请的目的、形式、时间、地点，对服饰的要求、回复等内容。请柬的信封上必须清楚的写明客人的姓名、职务，信封右上角上还要写上席号。请柬必须在宴请前的两周发出，以便客人可以安排好时间，做好出席的准备。请柬发出后，必须及时落实嘉宾出席的情况，准确的记录，以便安排并调整席位。

（5）宴会席位安排。正式的宴会一定要安排客人的席位，有的只安排部分客人的席位，其他人只排桌次或自由入席。按照国际惯例，桌次高低以离桌位远近而定。席位安排时，要男女穿插，主宾在女主人的右上方，主宾夫人在男主人的右上方，男次宾在女主人的左上方，女次宾在男主人的左上方，以后依次排列。如遇主宾身份高于主人，为表示对他的尊重，可以把主宾安排在主人的位置上，主人在主宾的位置上。

席位安排妥后，可以写上坐位卡。中国宴会上的坐位卡，一般是中文在上面，外文在下面。

宴会使用的桌子有椭圆、长方形、正方形。两桌以上的宴会，桌子之间的距离要适当。下面介绍几种宴席的桌次和座位的安排顺序（图 5.9～图 5.17，标号①为主宾席）

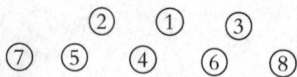

图 5.9　宴会桌次安排示例1　　　　图 5.10　宴会桌次安排示例2

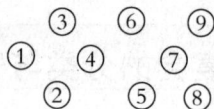

④　⑤
②　①　③
⑥　⑦

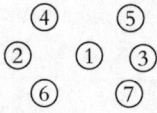

图 5.11　宴会桌次安排示例 3

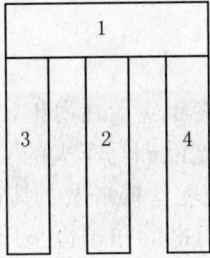

①
②　③
④　⑤

图 5.12　宴会桌次安排示例 4

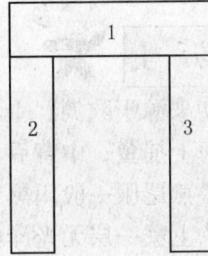

1		
3	2	4

图 5.13　宴会桌次安排示例 5

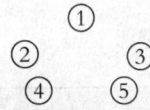

1	
2	3

图 5.14　宴会桌次安排示例 6

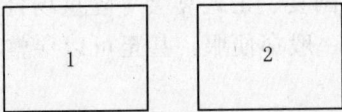

1

2

图 5.16　宴会桌次安排示例 8

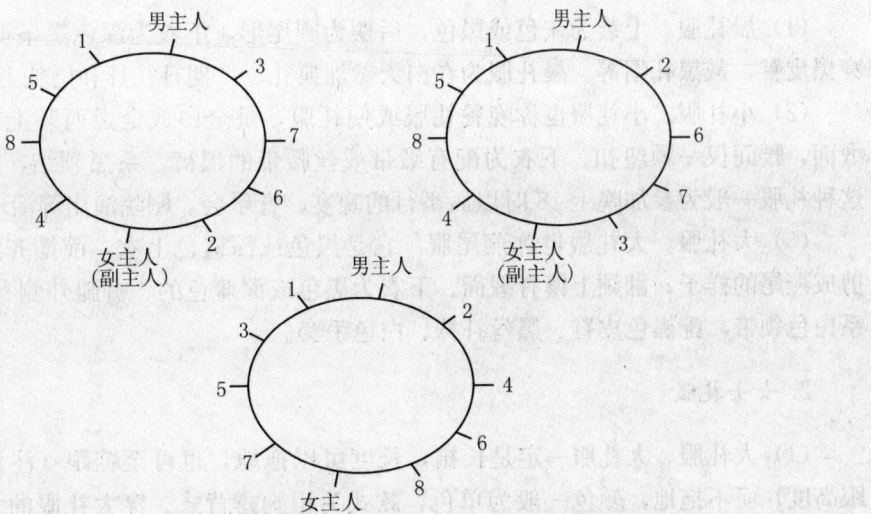

1	2

图 5.15　宴会桌次安排示例 7

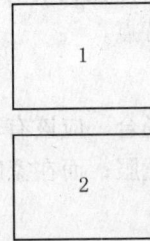

图 5.17　正式宴会座位安排（中餐）示例

5.4.2　宴会服装与化妆

你知道吗？

　　西装最初来源于欧洲。上衣原是渔民的穿着，他们终年生活在海上，穿敞领少扣的衣服便于海上捕鱼；中背后开衩的燕尾服，原是10世纪欧洲马车夫的装，开衩出于骑马的考虑。燕尾服一般用黑色或藏青色的精纺礼服呢或驼丝锦来做。其正面造型为：宽宽的枪驳头上蒙一层无光泽的平纹绸或塔夫绸面，前门襟的扣子也是用同样的平纹绸包起来的包扣，左右各有3粒，袖口处的3～4粒装饰扣也是同样的小包扣。驳头上有插花用的扣眼，左胸前有手巾兜，肩较宽，肩头较方，胸部的放松量较大，有英国式西服的造型特点。

　　在不同的场合，应该有不同的着装和化妆。在国宴、正式宴会等隆重场合要求着严肃、大方的礼服；而在家庭宴会或朋友聚会时，一般穿便服，甚至可以穿整洁的家居服。

1. 传统西装礼服

　　传统的西装（男士）礼服有以下3种：

　　(1) 晨礼服。上装为灰色或黑色，后摆为圆尾形，下衣为深色黑条裤，系灰领带，穿黑皮鞋，戴黑礼帽等。晨礼服为在白天参加典礼、星期日礼拜和婚礼上的着装。

　　(2) 小礼服。小礼服也称晚餐礼服或便礼服，是全白或全黑西装上衣，衣领镶有缎面，腰间仅一颗纽扣。下衣为配有缎带或丝腰带的黑裤。系黑领结，穿黑皮鞋。穿这种礼服一般为参加晚上18时以后举行的晚宴、音乐会、剧院演出等活动。

　　(3) 大礼服。大礼服也称燕尾服。它是黑色或深蓝色上衣，前摆齐腰剪平，后摆剪成燕尾的样子，翻领上镶有缎面。下衣为黑色或深蓝色的、裤腿外侧有丝带的长裤。系白色领带，配黑色皮鞋、黑丝补袜、白色手套。

2. 女士礼服

　　(1) 大礼服。大礼服一定是长裙，长度可以拖地，也可至鞋跟（注意高跟鞋的鞋跟高度）而不拖地，颜色一般为单色，款式为袒胸露背式。穿大礼服的女士一定要配戴颜色相同的帽子，帽子上可以有适当的装饰，如鲜花等，还要戴长纱手套及各种首饰，如耳环、项链、头饰等。

　　(2) 小礼服。小礼服也是单色长裙，其长度只到脚面而不拖地，款式为露后背。穿小礼服的时候，对于帽子、手套没有严格要求，但应配戴耳环、项链及头饰。

（3）常礼服。常礼服一般是颜色和面料质量相同的上衣和裙子，上衣和裙子的款式没有明确的规定，但必须搭配得当。穿常礼服的时候，也可以戴帽子和手套，并佩戴各种首饰。

3. 我国的礼服

我国传统的男士礼服为单色毛料中山装，且上衣与裤子一定要颜色、面料质量相同，配黑皮鞋。我国女士的礼服却是多种多样的，可以穿旗袍、连衣裙、中式上衣配长裙或长裤，夏季可以穿衬衫配裙子或长裤，但切忌穿超短裙。女士还应注意适当佩戴首饰。

小测试

小明的父母为远道而来的大学同学接风，请你为小明家安排合适的席位。成员：主方小明和他的父母以及爷爷四人，客方黄叔叔夫妇和女儿三人。

5.5 就餐礼仪

你知道吗？

刘开是一位高级经理，受邀参加一家酒店的自助酒会，席间都是和刘开一样工作背景的商务人员，谈话使他和别人找到了很多的共同语言，刘开越聊越开心，越来越兴奋，不由自主地抓起盘中的鸡腿等食物，把刀叉扔在一边，直接用手就往嘴里送，还不停的撕扯着鸡腿，一边说话的同时还用满手都是油的手在空中挥舞、比划……腿也翘到了椅子上，在旁的人都用诧异的眼光看着刘开，刘开突然意识到了众人奇怪的眼神，可是……

刘开错在哪里？

在公司工作的年轻人也会时常应邀参加一些宴请活动，如果在就餐时不注意礼仪，往往给人留下不雅的印象，也有损于公司的形象。因此也需要掌握一些基本的就餐礼节。

1. 注重仪表

出席宴会，应稍做梳洗，穿一套干净清爽的时令服装去赴宴，这是对主人和其他客人的尊重，如果是有服饰要求，应按请柬上的要求着装。

2. 按时前往

接到请柬或邀请，答应赴宴，则应遵守时间。一般按规定时间提前 2 分钟或延后 5 分钟内到达。既不要迟到太久，也不要提前 10 分钟以上。有的宴会备有休息厅，来早了可在休息厅等候，不要急于进入餐厅。

3. 到达致意

到达宴请地点后，应主动向主人致意，再向其他客人问好，若是西式宴会应先向女主人致意。

4. 礼貌入席

入席时，应了解自己所在的桌次和座位，按主人的安排入席，不要随意乱坐，如有人带路，应礼让长者、位尊者和女士先行。如无人带路，则自己设法在前面寻找位置，让长者、位尊者和女士在后。如男女宾相邻，男士应照顾女士。坐下时不要急于打开餐巾，应先和左右客人交谈一两句。餐巾应铺在膝盖上，不要塞在下巴下，餐巾仅用做擦拭嘴部和手，不能用餐巾擦拭餐具，这是对服务员，也是对主人的一种不尊重、不信任的行为。

5. 礼貌进餐

在席间，如遇到主人和主宾敬酒或致辞，应停止进餐与交谈，注意倾听和响应。以示尊重。

餐桌上要注意次序礼仪。上菜要从位低者旁边上，每道菜应先通过转盘转到主人和主宾之间，请他们先品尝；需要分菜或倒酒应先主宾，主人再顺时针为其他客人服务；遇到有人前来敬酒，应站立和对方碰杯，离得远的可举杯致意，位低者与位尊者碰杯，应稍欠欠身点头，举起的杯沿略低于对方边沿，以示尊重。

5.5.1　中餐礼仪

中餐的餐具使用要注意礼节，中餐的餐巾可将其放在腿上，餐前的湿毛巾只能用来擦手，不能擦脸、擦嘴，更不能用来擦餐具。要注意自己的吃相要文雅，不要边吃边说话，吃东西时不要发出很响的声音，骨头、鱼刺或不吃的东西不要吐在桌上及地上，也不能直接吐在骨碟上，应用筷子接一下再放到骨碟上，掉在桌上的菜不要再吃；不要在餐桌上当众整理妆容，需到洗手间。

要使用牙签时应用手遮挡一下，迅速的剔完，更不能将牙签始终含在嘴里，或拿在手里挥来指去。

另外，当说话、喝汤或做其他事时，筷子应放下，不能把筷子始终拿在手里，放置筷子时应搁在筷架上，不能平放在饭碗上或插在饭中，也不能放在菜盘上。

5.5.2 西餐礼仪

1. 入座有讲究

最得体的入座方式是从左侧入座。当椅子被拉开后，身体在几乎要碰到桌子的距离站直，领位者会把椅子推进来，腿弯碰到后面的椅子时，就可以坐下来了。用餐时，背部要靠到椅背，腹部和桌子保持约一个拳头的距离。两脚交叉的坐姿最好避免。

2. 上菜的次序

正式的全套西餐上菜顺序是：前菜和汤→鱼→水果→肉类→乳酪→甜点和咖啡→水果，还有餐前酒和餐酒。没有必要全部都点，点太多却吃不完反而失礼。

3. 如何使用餐巾

点完菜后，在前菜送来前的这段时间把餐巾打开，往内摺 1/3，让 2/3 平铺在腿上，盖住膝盖以上的双腿部分。最好不要把餐巾塞入领口（图 5.18）。

图 5.18　错误的使用餐巾

4. 刀与叉的使用方式

英美人的饮食习惯不一样。吃肉菜时，英国人左手拿叉，叉尖朝下，把肉扎起来，送入口中，如果是烧烂的蔬菜，就用餐刀把菜拨到餐叉上，送入口中，美国人用同样的方法切肉，然后右手放下餐刀，换用餐叉，叉尖朝上，插到肉的下面，不用餐刀，把肉铲起来，送入口中，吃烧烂的蔬菜也是这样铲起来吃。

图 5.19　离席时刀、叉的摆放

5. 如何摆放刀与叉

用餐中为八字形，如果在用餐中途暂时休息片刻，可将刀叉分放盘中，刀头与叉尖相对呈"一"字形或"八"字形，刀叉朝向自己，表示还是继续吃。特别要注意的是刀刃侧必须面向自己（图 5.19）。

用餐结束的摆置方式有两种：用餐结束后，可将叉子的下面向上，刀子的刀刃侧向内与叉子并拢，平行放置于餐盘上，尽量将柄放入餐盘内，这样可以避免因碰触而掉落，服务生也较容易收拾。出席结婚餐宴时，即使餐具摆成"用餐中"的方式，只要主要宾客用餐结束，就应立即把所有的餐具收起。所以宴会时，切记用餐方式是以主要宾客为中心而进行的。在宴会中，每吃一道菜用一副刀叉，对摆在面前的刀叉，是从外侧依次向内取用，因为刀叉摆放的顺序正是每道菜上桌的顺序。刀叉按程序使用完了，上菜程序也就结束了。

图 5.20 西餐餐位安排

6. 餐位

餐位的安排大致上如图 5.20 所示。原则上男主宾坐在女主人右边，女主宾坐在男主人右边，而且多半是男女相间而坐，夫妇不坐在一起，以免各自聊家常话而忽略与其他宾客间的交际。

7. 餐具摆法

家庭或餐厅宴会时，餐具的种类和数量，因餐会的正式程度而定。越正式的餐会，刀叉盘碟摆得越多。本文所举的例子，适用于非正式的宴会（多数家庭式宴会属于此类）（图 5.21）。

叉子放在主菜盘左侧，刀子、汤匙摆在右侧。

刀叉和汤匙依使用的先后顺序排列。最先用的放在离主菜盘最远的外侧，后用的放在离主菜盘近内侧。假如主人决定先上主菜再上沙拉，就要把主菜叉子放在沙拉叉子的外侧。

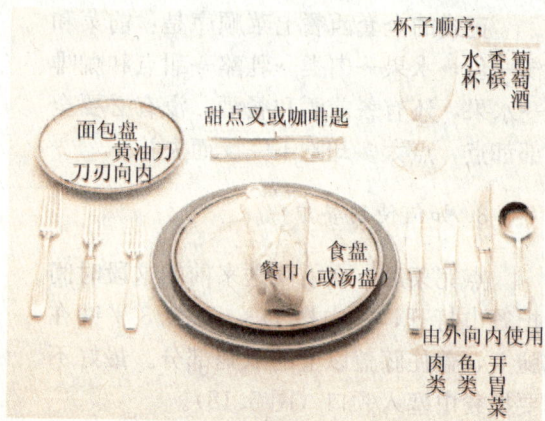

图 5.21 西餐餐具摆法

5.6 其他礼仪

5.6.1 旅游礼仪

旅游是一项文明而健康的活动，是青年人喜欢的休闲方式。尤其在我国实行双休日和"五一"、"十一"、春节放长假的劳动休息制度后，旅游更成为我国公民的一项日常活动。在你欣赏名山大川、文物古迹的同时，不要忘记，应做一个文明的旅游者。

首先，要爱护旅游地区的公共财物。大到公共建筑设备、名胜古迹，小至花草树木，都要珍惜爱护。旅游地区的公共财物是我国广大劳动人民血汗的结晶，特别是名胜古迹，更是我国古老文明的标志，是中华民族的骄傲，每一个中国人都要珍惜这些"无价之宝"。

在旅游中，要十分注意爱护亭廊等建筑物的结构装饰，不要以脚蹬墙把鞋印留在墙上；不要在柱、墙、碑等建筑物上刻画等。不要折树枝、摘花朵，不要用棍棒挑逗或用东西投掷动物。破坏文物古迹尤其是让人谴责的行为。

你知道吗？

长在黄山玉屏楼前文殊洞上的一棵迎客松，是一株闻名世界的古松，已存活了1200 多年。来自五大洲的朋友无不在迎客松前摄影留念。敬爱的周恩来总理生前曾嘱咐说，迎客松是我国第一棵宝树，要好好保护。但有个别旅游者竟然用刀子在这棵古树上削去长 24.5 厘米、宽 6.5 厘米的一块树皮刻字留念，损坏文物，这简直是一种犯罪行为。

如果是你遇到身边有人如此，你会怎么办？

其次，一个文明的旅游者，要注意保持旅游地区的环境卫生和安静。进入旅游风景区不要大声喧闹，不要随地大小便，不要任意把果皮纸屑、杂物抛入水池中，如果是自己携带和产生的垃圾应收拾好，用塑料袋包好带出景区等。同学们有时会参加郊游或野炊活动，注意不要在林间草地随意生火，破坏植被，更不要将美丽的大自然弄得一片狼藉，要在游玩后收拾现场，恢复原貌。

再次，一个文明的旅游者，在旅游中要关心他人，注意礼让。比如，在景色优美的地方拍照，要互相谦让，不要与人争抢先后，当拍照时有人走近而妨碍镜头时，应有礼貌地向人招呼，不可大声叫嚷、斥责和上去推拉，拍毕还应向人道谢，如果是自己通过有人拍照的地区，应注意不要破坏别人拍照，要稍等一会儿。遇到拥挤的时候，不要争抢，要按顺序排队进行。

不要躺在公园长椅上睡觉，也不要坐在椅子靠背上、脚踩在凳面上。见到老、弱、残者和抱小孩者应主动让座；请人让座，应征得别人同意后方可入座，并要表示谢意。

旅游如遇划船，要小心用桨，不要将水溅到其他船上及他人身上，两船过桥洞或行进在狭窄水面时不要争先抢行，以避免碰撞。

在动物园里游玩，要遵守园内的管理规定，不可随意给动物喂食，或逗弄动物。

5.6.2　书信礼仪

现在的通信设备很先进，已逐步取代了以往的书信往来，但书信来往带给人们情感和文化上的意义是任何现代通信设备都比不了的。手捧家人和朋友的亲笔来信，你会感到温馨，而且写信对于文笔也是极好的锻炼机会。

1. 书信的基本格式

先写收信人的姓名，第二行写问候语和正文，结尾写祝颂语，最后署名并写上日期。

在写给长辈或写给受你尊敬的人的书信时，其称呼要适当加上一些表示尊敬的词语。如"父母大人"、"亲爱的爸爸妈妈"、"尊敬的××"、"敬爱的××"等；给同辈人或下辈人的书信，平时对收信人怎样称呼，信上就怎样称呼，如"××同学"、"××友"、"××兄"等。

为了表达对收信人的尊敬，书信称呼要在第一行顶格写，称呼后面用冒号表示。

当我们提笔顶格写好称呼之后，书信转入正文。在书写正文要另起一行空两格。通常，我们应该主动而礼貌地问候对方，表示关切的心情。如果回信迟了，就要说明原因并致以歉意，求得对方的谅解。然后叙述书信内容。

书信结尾时应写祝颂语。祝颂语应为一些向对方致敬或共同勉励的话语，如"此致敬礼""祝好""祝你幸福""祝你进步""祝您工作顺利"等。祝颂语根据不同情况，可以有不同的表达方式。对长辈应该"敬祝"，对同辈可"祝"字当头，对下辈可写"祝"也可写"望"字等。祝颂语的表达方式，如"此致"、"祝你"等，可以紧接正文写，也可以另起一行空两格写。"敬礼"、"进步"等语应该换行顶格写。

最后是署名和日期。署名也叫"落款"，就是在信的末尾，写上自己的称呼和名字，署名应写在祝颂语后一行的右边。署名要按照自己和收信人的关系来写，与开头的称呼相对应。对父母亲，自称"男"、"子"、"儿"，或加排行，如"长男"、"次子"、"小儿"，女儿可称"女"。对岳父母，自称"婿"或"愚婿"也可另排行。对朋友，自称"兄"、"弟"或"愚兄"、"愚弟"。日期最好用公历，一般的信，写上某月某日即可，有的信，为了便于查考，必须写清楚年、月、日。

当一封书信写完后，我们可能会漏写了某些事情，那也不必涂改或重写书信。只要在"落款"下一行的左边写上补充的内容，开头或结尾时写上"又及"两字即可。

2. 书写书信的注意事项

书写时要使用圆珠笔、钢笔或毛笔，不应使用红笔或铅笔。国外的风俗为红笔表示绝交，铅笔书写是不尊重别人的。信纸要选好一点的，不要用太薄、太软、太糙的信纸书写。

在信封上，收信人的名字应是最大的，而不要把其他称谓写得过大。书写的字迹不能过于潦草，也不要在信封上涂改，如果写错了，应换一个信封。

上述内容是指邮寄信件，如果是托人捎带转交的信件，应在信封上方偏左的地方，视具体情况，写上"请交"、"烦交"、"面交"、"呈交"、"专送"等字样。如果捎信人熟悉收信人的地址，那么就不必写收信人的地址。写信人的地址一般也省略，只写"××托"或"××拜托"即可。有时，为表示对捎信人的尊重和信任，或者信件内容不涉及秘密的，这种信的信封以不封为好。

5.6.3　电话礼仪

你知道吗？

　　一位消费者新买的电视机出现了故障，按维修单上的电话他拨给了维修铺，一个年轻的小姐接了电话，当听到要找家电维修师傅后，犹豫了几秒钟后说："你稍等，我帮你叫一下人。"谁知一等就是好几分钟，电话那边传来了嘈杂的声音，可就是没有人再接电话……

　　如果你是这位消费者，你会怎么办？这对这个电视品牌有什么影响？

　　电话的普及给人们带来很大的方便，过去需要鞍马劳顿登门拜访的事，一个电话就可能解决了。朋友受到奖励，可电话祝贺；朋友小染风寒，可电话问候；辞旧迎新时，可电话拜年；在朋友家受到款待后，打个电话表示谢意是简便而又礼节周到之举。电话是现代社会中最便捷的交往工具，其礼仪用语也成了一个重要方面。

1. 养成一个良好的电话形象

　　注意电话形象不仅是表现自己风度、自我修养的需要，也是公司树立良好形象的需要。在办公室接听电话时应保持良好的站姿和坐姿，应在铃响三声之内接听，养成左手拿话筒，右手随时记录，面带微笑的好习惯。拿起电话应声音清晰，礼貌和蔼的自报门户："您好！某某公司某某科"，以免来电话的人说了许多话又找错了地方。回答对方的问题简明扼要，委婉诚恳（图5.22）。

图 5.22　接电话表情与姿势

2. 学会控制情绪和音量

　　打电话时对方无法看到你的表情，所以他会从声音判断你的情绪。所以我们应学会使用合适的音量打电话，音量过小对方会听不清而大喊大叫，像和人吵架一样，既影响了周围的人，又让对方不舒服。在打电话时要控制自己的情绪，面带微笑，自然声音就优美自然，一般来说，打电话时使用的声音要比与人面对面交往要更柔和。

3. 礼貌对待所有来电的人

　　有的人如果是自己朋友的电话，就非常高兴，可如果是无关人员打错的电话或找其他人的电话，就会显得不太礼貌。如果被找的人不在，应该有礼貌地说："他有事出去了（他家里有点事没来上班）。您要留下姓名吗？""您要给他留话吗？""您有需要我转告的事吗？""我能帮您什么忙吗？"等。这是一个乐意帮助人的形象。如果需要对方稍等，应告诉对方大致的时间："对不起，他暂时不能接听，您 5 分钟以后打来可以吗？"如果找不到人应立即向对方说明，或给对方一个建议，例如"他今天出门去了，估计明天才能回来，请您明天再打过来好吗？"避免对方等候太久，造成电话费的浪费。如果接听到的电话是一个打错的电话，不能不说话就把电话挂断，更不能责骂对方，应礼貌地询问："对不起，请问您拨的话码是……，您可能打错了，我们这里是某某公司。"如果对方道歉，应说"没关系"。如有时间也可以帮对方查找一下，或给对方以指点。

　　4. 做好记录，准确应答

　　应养成在电话旁放置笔和便笺的好习惯，当接听到一些重要的事情，或有人相托，应做好记录，以免误事。在详细记录后还要向对方复述一下，确保无误。

　　5. 接听完毕，别忘了客气

　　接听完电话不要没有任何明确的表示就挂断电话，应问一下："请问您还有什么事吗？"当对方确定已讲完，应说"谢谢您的电话""谢谢您给我们提供了这么重要的信息""请代我向王经理问好"当听到对方回应后，礼貌的说"再见"。原则上应由先打电话的人先挂断电话，位高者先挂断电话，自己随后才可将电话放下。

　　6. 其他

　　打私人电话时要注意时间，不要在主人用餐或休息时间去打扰人家，也不要在别人上班期间打过多的私人电话。如果需要借用他人的电话应尽量简短，并且尽量不要拨打长途电话。

　　电话交谈应简单明了，尽快把事情说完。如果要谈的事比较复杂，几分钟内说不清楚，一开始就应征求对方的意见，问问他是否有可能长谈，没时间的话，另约一个适当的时间，不能只管自己说，不管别人是否有时间接听。

　　电话通话时遇到中途断线时，主叫的一方应该再拨一次，即便是话已说完，也要拨过去告诉一声，免得对方继续等候。通话过程中谈得不愉快或自己本来心情不好，也要耐心听完，发脾气摔电话或不解释、不道歉就挂断电话是粗暴无礼的行为。在接听时应避免出现吃东西、听歌，或同时和他人说话，需要在接听中途办其他工作时，应向对方道歉，并捂住话筒，方可与别人说话。

　　7. 移动电话，勿打扰他人

你知道吗？

　　早上 7 点钟，王先生的移动电话就响了，是短信息，王先生的同事知道他上夜班，早上都不会给他打电话。睡得正香的王先生不愿起来看信息，可移动电话设置了未接提示，不阅读，每隔几分钟就会响一次，没办法，王先生打开移动电话一看，居然是短信广告，他顿时气歪了，好好的休息被破坏了。

　　遇到这种情况你应该怎么处理？

（1）使用移动电话要注意避免在人多的地方使用，公共场合特别是楼梯、电梯、路口、人行道等地方，不可以旁若无人地使用移动电话，应该把自己的声音尽可能地压低一些，而绝不能大声说话。在会议室等比较安静的地方使用，应把移动电话关闭或改成震动，原则上不能打扰别人，需要接听应到室外，如果不得不使用，应向周围的人道歉。在与人谈话或听报告时为表示尊重，应将移动电话关闭，不应随意接听电话，将对方晾在一边，这是极其不礼貌的行为。

拨打别人的电话要考虑别人是否方便接听，要先问一句：现在方便接听吗？不要勉强他人。

（2）在加油站、医院、剧院等地方不要随意拨打移动电话，在开车、用餐时要尽量避免接打电话。

（3）在短信的内容选择和编辑上，应该和通话文明一样重视。因为通过你发的短信，同时反映了你的品味和水准。所以不要编辑或转发不健康的短信。特别是一些带有讽刺伟人、名人甚至是革命烈士的短信，更不应该转发。

（4）作为学生，不能在学校携带移动电话，一来会影响课堂纪律；二来作为靠父母供养的消费者，使用移动电话既增加父母的负担，也会给人轻浮、摆阔的印象；三来学校人员比较复杂，被偷、被盗是可能发生的事件。

第6章 求职礼仪

学习重点

● 了解求职礼仪步骤。

● 掌握求职过程中礼仪要点及注意事项。

● 注意求职过程中的注意事项及应变技巧。

米琳大学时就听人说就业不容易，所以毕业前就投了很多简历，可是都石沉大海，没有结果。后来好不容易盼来两次面试机会，可是，都因没有做过面试辅导，而导致面试失败。自己感觉明明不错，可就是没通过。于是她找到职业顾问进行咨询，才知道这里面有很多学问，于是从头到尾对面试前、面试过程、面试之后的所有要求、做法和问题做了全方位辅导，又针对专业和职位进行了场景训练。再次面试时，由于她心中有了底，心态也非常好，信心十足、面带微笑、语气和缓、应对自如，不但顺利通过面试，还得到面试官赞许。米琳高兴极了，因为她终于用专业求职者的姿态，在众多竞争者中脱颖而出，在同学中最先找到了适合自己的工作。

6.1　面试前的准备

面试，就是当面考试，谁懂得礼仪，谁就能最先通过，谁就能最先拿到第一桶金。你在面试前、面试中、面试后应掌握全套专业的礼仪，这样才能击败对手，获得成功。那么，面试过程中，要注意的礼仪是什么呢？

6.1.1　面试前的心理准备

应聘犹如赛马走进赛场，贡生走进京师国子监，再久经杀场，再满腹经纶也难免紧张和怯场。因此，应聘者做好充分的心理准备是必要的，只有心理准备充分了，才能发挥自己的长处，显露自己的优势，从而在众多的竞争者中赢得一席之地。

所谓心理准备实际上是对自己成熟与否的实地检验。一个成熟的人应该有足够的毅力面对挫折，有足够的勇气迎接挑战。有了这些心理准备，当你走到主考官面前的时候就会临阵不乱，应对如流。而且这种"不乱"和"如流"，应当以人格的自尊和深刻的自省为前提。而不是盲目自信或者刻意逢迎。

有了人格的自尊还远远不够。你应该明白，"人比人气死人"这句俗话的道理。不要拿自己跟别人滥加比较。因为你在应聘过程中完全可能被一个条件并不如你的人排挤下去。这里面有很多复杂的原因。有主考人员的好恶、偏见，也有关系网络所起的作用。倘若因为一次失利而气恼、懊丧，甚至就此打退堂鼓，便是没有做好充分心理准备。因此，所谓心理准备，实质上是对未来工作认识的准备，要从步入社会的第一天起就认识到，等待你的并不是美丽的玫瑰花。

做好求职的心理准备，首先要培养自己积极主动的求职意识和竞争意识。

求职者在面试前必须做好竞争的思想准备；不管遇到多么强劲的对手，都要敢于竞争，善于竞争。如果求职者没有竞争的思想准备，不采取竞争拼搏的措施，往往会在求职竞争中败下阵来。

再次，良好的心情和充分的自信也必不可少。

心情不好宁可不去，什么时候心情好了，什么时候去。心情的好坏将严重影响你容颜、语言以及反应能力等。本来是可以成功的，但由于当时心情的影响而导致失败，那是很遗憾的。自信，是求职者成功推销自我的第一秘诀，不论你希望从事什么职业，你都应先去掉对该职业的敬畏心理，你要坚信你有资格担任那些工作，如果被聘用的话，你会做得很好。

提高面试的心理素质，不但要有自信，还要克服自卑感，摆脱面试中的消极心理。

当你将自信心持于心中时，就会感到对每一次面试都是那么信心十足，那么热诚。这种情绪会使你发出一种向上的力量，甚至感染主试人，使你的潜力得以发挥，你会突然变得豁然开朗，对答如流，气氛会变得更温馨。而缺乏自信常常是性格软弱和事业不能成功的主要障碍，设想一下：当你连自己都没有信心，主试人如何有信心相信你能胜任工作；当你双腿发抖地站在主试人面前，这也意味着你自己在关上求职的大门。

当然，过分的自信也是不可取的，这时的自信已不是一种积极的态度，而一种鲁莽。在面试时，往往给主试人一种过分放松，满不在乎的感觉，这可能会使你尝到失败的苦果。

自卑与自信相对立而存在，要自信，就得克服自卑，当然自卑感并不那么可怕，每个人或多或少都有些自卑感，人无完人，关键是如何战胜自卑。

要在面试过程中，防止和铲除自卑心理，首先得正确看待竞争，因为面试本身就是筛选，而其结果必然出现胜利者和失败者，竞争中的失败，并不意味着断了前途，要总结教训，迎接下一次的竞争机会。其次，是塑造自己坚强的个性和意志。

在面试前，许多求职者会产生一些不必要的消极心理，羁绊着自己的行为。诸如"别人会怎么想""过去曾失败过""我会失败""为时太晚"等。这些都会磨蚀一个人的自信心，应努力克服。除去这些消极心理要做到以下几点：

1. 除去不必要的想法

一些应聘者，一边作答，一边在想"主试人对我的看法怎么样"，或者"我不该穿这件衣服，因为别人会嘲笑我，会对我有看法""我不敢干那件事，恐怕别人会嫉妒"。其实这些想法都是多余的，不必要的。记住：多余的牵挂，将损害你的人格与创造力，束缚你的手脚，削弱你的自信心。

2. 不要害怕失败

一些曾在面试中失败过的人，害怕再次面试失败，在面试中，会回想起曾经失败的场面和体验，结果越害怕失败，就越会失败。记住：你可能需要 5 次以上的面试机会才能得到一份理想的工作，同时不要把成功的希望全部寄托在一个公司一次面试机会上。

3. 不必为面试而忧虑

有些人因为求职心切，总希望一次成功，因此为准备面试忧心忡忡，坐立不安。当然，准备是必要的也是极为重要的，但是，通常我们担心的事，99％不会发生，既然如此，又何必去担忧呢？

4. 不要害怕单独前往

为了减少焦虑，消除紧张，或为了给自己当"参谋"，有些求职者在面试时习惯带上一位同学或朋友前往，或常常带家人陪同面谈，而害怕单独前往，这也是不妥当的。

6.1.2 求职简历

一份吸引人的简历，是获取面试机会的敲门砖。所以，怎样写一份"动人"的简历，成了求职者首要的工作。

求职简历正文应包括三部分：

（1）基本情况介绍。

（2）学历情况概述。学习历程、在校期间获奖情况、爱好和特长、参加过的社会实践活动、所任职务、承担的任务等。

（3）工作经历。介绍曾经工作过的单位名称，个人、职位工作成绩、培训或深造就学情况、工作变动情况、职务升迁情况等。

不要写得过于复杂。要知道，主官考第一次看一份简历的时间也不过是短短的几秒钟而已。

你知道吗？

在美国，求职履历表上有三不：第一，绝对不超过一页；第二，绝对不要把私人与工作无关的事都一览无遗地写进去，例如婚姻状况、家庭状况、种族等，以免企业主因其他原因而发生歧视；第三，绝不填上薪水，求职的人应认清履历表的作用，只不过是在争取面试的机会。

在写作简历时，要时刻记住你是在一个商业环境中推销自己，尽量使用适合这种环境的语言，尤其是在对你的曾经的业绩和成就进行说明的时候。那么，什么样的语言是商业语言呢？简单的说，就是定量化的语言，你的简历中具体的数字越多、具体事实越多，越和你所求职位相关，商业价值就传达得越明确，也就越有说服力。

时代在改变，某些求职用词也在淘汰。像"我对这个工作很有信心""我是抱着学习的目的而来的""请给我一个学习的机会"等，这些听起来美丽的词藻把你的机会丢进垃圾桶里。

　　简单地说，说话要投其所好是履历每投必中的原则。投其所好必须明确的是：公司想知道的是你能为公司带来什么利益、贡献或成效，并不想花钱请你来学习。见例文。

例文

个人简历

姓　名	覃院锋	性　别	男
民　族	壮　族	政治面貌	团　员
籍　贯	广西来宾	健康情况	健　康
毕业院校	贺州学院	系　别	计算机科学系
学　历	大　专	专　业	教育技术学
出生年月	1982.4	身　高	165cm
外语能力	应用 B 级	计算机能力	广西区一级
普通话能力	全国贰级乙等	联系电话	13737401769

获得证书	教师资格证书\英语 B 级证书\计算机等级证书\普通话等级证书
性格品质	性格沉稳，为人正直，思想力求上进，干练，友好；具有强烈的责任心和敬业与团队合作精神。
特长爱好	特长：计算机组装与维护、多媒体课件制作、网络管理 爱好：旅游、摄影、爬山、交际、读书、篮球、排球
专业介绍	教育技术学专业是培养信息技术、教育技术学专业教师、教育技术（电化教育）管理、广播电视编导与维护、摄影技术的专门人才。要求专业毕业生能熟练运用 Microsoft Office、Frontpage、Photoshop、Flash、Authorware、Dreamweaver、Premiere 等软件进行办公自动化、非线性编辑、教学课件和网络资源的开发制作，能独立编制各类电视教材，利于善于把视频技术与多媒体计算机技术应用于教育教学中，同时，掌握常见媒体、多媒体计算机网络系统、广播电视设备、有线电视系统等维护与管理技术。
系推荐意见	覃院锋同学积极要求进步，被列为入党积极分子培养。在校期间学习非常刻苦，成绩保持优秀，多次获得"学习成绩优异奖"，专注于专业技能的学习，熟练掌握计算机多种软件的使用，动手能力强。作风严谨，雷厉风行，处处严格要求自己，是一位优秀的毕业生。完全胜任中小学《信息技术》课程教学、教育管理、仪器设备维护、电视节目编导及其他相关工作
奖惩情况	➢ 2005~2006 学年度被评为校级"三好学生"、"优秀团干" ➢ 在党校第二十期培训班学习中，成绩优秀，被评为优秀学员 ➢ 2005~2006 学年度考试中荣获"多媒体 CAI 课件制作实例教程"、"大学英语"、"心理学"、"VB 语言程序设计"、"高等数学"、"普通物理"单科成绩奖 ➢ 2004~2005 学年度考试中荣获"摄影技术"单科成绩优秀奖
求职意向	**企业、公司、行政、事业单位文职人员**

小测试

根据自己的实际情况制作 1 份简历。

6.1.3 面试服饰礼仪

应聘者的外在形象，是给主考官的第一印象。外在形象的好坏在一定程度上会影响到能否被录用。面试时，一定要注意，恰当的着装能够弥补自身条件的某些不足，树立起自己的独特气质，使你脱颖而出。

1. 男士

（1）注意脸部的清洁，胡子一定要刮干净，头发梳理整齐。查看领口、袖口是否有脱线和污浊的痕迹。

（2）春、秋、冬季，男士面试最好穿正式的西装。夏天要穿长袖衬衫，系领带，不要穿短袖衬衫或休闲衬衫。

（3）西装的色调要用给人稳重感觉的深素色为主，如藏青色、蓝色、黑色、深灰色等。配套的衬衫最容易的选择是白色。领带应选用丝质的，领带上图案可以根据自己的爱好选择，最好是单色的，它能够和各种西装及衬衫相配。单色为底，印有规则重复出现的小圆点的领带，会显得格调高雅，而斜条纹的领带也能表现出你的精明。领带在胸前的长度以达到皮带扣为好。如果一定要用领带夹，应夹在衬衫第三和第四个扣子中间的位置（图6.1）。

图6.1 男生正装

（4）深色的袜子、黑色的皮鞋。皮带要和西装相配，一般选用黑色。男士着装应遵守三一致原则：皮鞋、皮带、皮包颜色一致，一般为黑色。

（5）眼镜要和自己的脸型相配，镜片要擦拭干净。

（6）钢笔一定不要插在西装上衣的口袋里，西装上衣的口袋是起装饰作用的。

2. 女士

（1）面试时的着装，要简洁、大方、合体。职业套装是最简单，也是最合适的选择。裙子不宜太长，这样会显得不利落，但是也不宜穿得太短。低胸、紧身的服装，过分时髦和暴露的服装都不适合面试时穿。春秋的套装可用花呢等较厚实的面料，夏季可选用真丝等轻薄的面料。衣服的质地不要太薄、太透，薄和透会给人以不踏实、不庄重的感觉。颜色可表现你的品位和气质。色彩要体现出青春、典雅的格调。不宜穿抢眼的颜色。

（2）丝袜被称为女性的第二层皮肤，一定要穿，以透明近似

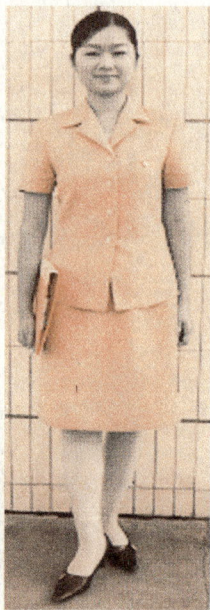

图6.2 女生正装

肤色的颜色为好。要随时检查丝袜是否有脱线和破损的情况，最好带一双备用的(图6.2)。

(3) 皮鞋式样应简单，不要有太多装饰，后跟不宜太高，颜色和套装的颜色应一致，如果你不知道如何配色，最简单的办法就是穿黑色的皮鞋。凉鞋在面试时不宜选择。

(4) 如果习惯随身携带包，那么包不要太大，款式可以多样，颜色要和服装的颜色相搭配。

(5) 化淡妆。如果抹香水，应该用香型清新、淡雅的，头发要梳理整齐，前额刘海不要超过眉毛。

(6) 佩带饰物应注意和服装整体的搭配，最好以简单朴素为主。

出发前，最好从头到脚再检查一遍，看看扣子、拉链是否扣好、拉好，领子袖口是否有破损，衣服是否有褶皱，鞋子是否干净光亮。身上的怪味应清除。面试时，应试人和主试人的距离一般不会很远，如果你身上散发出汗臭味、腋臭味、烟味等怪味，主试人闻到了肯定会厌恶，这也要影响面试效果。因此，面试前务必把身上的怪味清除掉。清除怪味的办法有多种：

一是面试前的用餐不要吃洋葱和大蒜，也不要喝酒，以免口腔产生怪味，饭后应漱口，最好刷刷牙。

二是面试前应洗个澡，这样既可以把汗臭味冲洗掉，把腋臭味冲淡，也可以使你更加精神抖擞。

三是面试前别抽烟，烟味会萦绕不散，气味难耐。

四是可以在身上适量地抹些香水，香水既可驱散其他气味，又沁人心脾，香水需提前两三个小时抹，可擦在耳后、衣领处，手肘内侧，手腕、胸前及膝盖内侧，不要把香水直接喷在衣服上。香水的味道应选择清淡型的，如玫瑰香型、米兰型。具有性挑逗作用的香水切忌选用。

小测试

1. 应聘政府部门、秘书、银行的工作时应如何选择服装。

2. 应聘公关、时尚杂志等工作时应如何选择服装。

6.2 面试中的礼仪

6.2.1　时间观念是第一

守时是职业道德的一个基本要求，提前 10～15 分钟到达面试地点效果最佳，可熟悉一下环境，稳定一下心神。提前 0.5 小时以上到达会被视为没有时间观念，但在面试时迟到或是匆匆忙忙赶到却是致命的，如果你面试迟到，那么不管你有什么理由，也会被视为缺乏自我管理和约束能力，即缺乏职业能力，给面试者留下非常不好的印象。不管什么理由，迟到会影响自身的形象，这是一个对人、对自己尊重的问题。

6.2.2　面试的第一形象

到了办公区，最好径直走到面试单位，而不要四处查看。走进公司之前，应把口香糖和香烟都收起来，因为大多数的面试官都无法忍受你边面试边嚼口香糖或吸烟；移动电话坚决不要开，以避免面试时造成尴尬局面，同时也分散你的精力，影响你的成绩。一进面试单位，若有前台工作人员，则开门见山说明来意，经指导到指定区域落座，若无前台工作人员，则应找工作人员求助。这时要注意用语文明，开始的"你好"和被指导后的"谢谢"是必说的，这代表你的教养；一些小企业没有等候室，就在面试办公室的门外等候；当办公室门打开时应有礼貌地说声："打扰了"（图 6.3）。然后向室内考官表明自己是来面试的，绝不可贸然闯入；假如有工作人员告诉你面试地点及时间，应当表示感谢；不要询问单位情况或向其索要材料，且无权对单位做以评论；不要驻足观看其他工作人员的工作，或在落座后对工作人员所讨论的事情或接听的电话发表意见或评论，以免给人肤浅嘴快的印象。

图 6.3　礼貌询问工作人员
面试地点

进入公司前台后，要把访问的主题、有无约定、访问者的名字和自己名字报上。到达面试地点后应在等候室耐心等候，并保持安静及正确的坐姿。如果此时有的单位为使面试过程省略单位情况介绍，尽快进入实质性面试阶段，提前准备了公司的介绍材料面试者应该仔细阅读。面试者也可自带一些试题重温，而不要来回走动而显得浮躁不安，也不要与别的面试者聊天，因为这可能是你未来的同事，甚至可能是决定你是否称职的人，你的谈话造成的影响是你难以把握的，这也许会导致你应聘的失败。

更要注意的是：在接待室如果遇到朋友或熟人，不要旁若无人地大声说笑；也不要吃口香糖、抽香烟或接听移动电话。

6.2.3　面试过程

1. 把握进屋的时机

如果没有人通知，即使前面一个人已经面试结束，也应该在门外耐心等待，不要擅自走进面试房间。自己的名字被喊到，就有力地答一声"是"，然后再敲门进入，敲两三下是较为标准的。敲门时千万不可敲得太用劲，以里面听得见的力度为度。听到里面说"请进"后，要回答"打扰了"再进入房间。开门关门尽量要轻，进门后不要用手在身后随手将门关上，应转过身去正对着门，用手轻轻将门合上。回过身后将上半身前倾 30°左右，向面试官鞠躬行礼，面带微笑称呼一声"老师好"，态度要彬彬有礼而大方得体，不要过分殷勤、拘谨或过分谦让。

2. 礼节性的握手

在面试官的手朝你伸过来之后就握住它，要保证你的整个手臂呈 L 型（90°），有力地摇两下，然后把手自然地放下。握手应该坚实有力，有感染力。双眼要直视对方，自信地说出你的名字，即使你是位女士，也要表示出坚定的态度，但不要太使劲，更不要使劲摇晃；不要用两只手。手应当是干燥的、温暖的。如果他/她伸出手，却握到一只软弱无力的、湿乎乎的手，这肯定不是好的开端。如果你刚刚赶到面试现场，用凉水冲冲手；为使自己保持冷静，此时可用热水捂一下手再进去面试。

3. 无声胜有声的形体语言

你知道吗？

加州大学洛杉矶分校的一项研究表明，个人给他人留下的印象，7%取决于用言辞，38%取决于音质，55%取决于非语言交流。非语言交流的重要性可想而知。在面试中，恰当使用非语言交流的技巧，将为你带来事半功倍的效果。

除了讲话以外，形体语言是重要的公关手段，它主要包括：手势语、目光语、身势语、面部语、服饰语等。人们通过仪表、姿态、神情、动作来传递信息，它们在交谈中往往起着有声语言无法比拟的效果，是展示自己职业形象的更高境界。形体语言对面试成败起着非常关键的作用，有时一个眼神或者手势都会影响到整体的印象。

4. 精神如钟的坐姿

进入面试室后，在没有听到"请坐"之前，绝对不能坐下，等考官告诉你"请坐"时面试者才可坐下，坐下时应道声"谢谢"。坐姿应"坐如钟"，良好的坐姿是给面试官留下好印象的关键要素之一。坐椅子时最好坐满 2/3，上身挺直，这样显得精神抖擞；保持轻松自如的姿势，身体要略向前倾。不要弓着腰，也不要把腰挺得很直，这样反倒会给人留下死板的印象，应该很自然地将腰伸直，并拢双膝，把手自然的放在上面。

有两种坐姿不可取：一是紧贴着椅背坐，显得太放松；二是只坐在椅边，显得太紧张。这两种坐法，都不利于面试的进行。切忌跷二郎腿并不停抖动，两臂不要交叉在胸前，更不能把手放在邻座椅背上，或加些玩笔、摸头、伸舌头等小动作，这容易给别人一种轻浮傲慢、有失庄重的印象。

以下为三种面试坐姿（图 6.4～图 6.6）。

图 6.4　男生正姿　　　图 6.5　女士斜姿　　　图 6.6　女生正姿

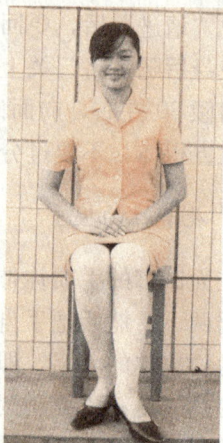

5. 聚精会神的目光

面试一开始就要留心自己的身体语言，特别是自己的眼神，对面试官应全神贯注，目光始终聚焦在面试人员身上，在不言之中，展现出自信及对对方的尊重。

正确的眼神表达应该是：礼貌地正视对方，注视的部位最好是考官的鼻眼三角区（社交区）；目光平和而有神，专注而不呆板；如果有几个面试官在场，说话的时候要适当用目光扫视一下其他人，以示尊重；回答问题前，可以把视线投在对方背面墙上，约两三秒钟做思考，不宜过长，开口回答问题时，应该把视线收回来。

图 6.7　面带微笑，谈吐大方

6. 有亲和力的微笑

面试时要面带微笑，亲切和蔼，谦虚虔诚，有问必答。面带微笑会增进与面试官的沟通，会100％的提高你的外部形象，改善你与面试官的关系。听对方说话时，要时而点头，表示自己听明白了，或正在注意听（图6.7）。

7. 适度恰当的手势

说话时适当地做些手势，可以增强对某个问题的表达程度，但是手势太多会分散人的注意力，因此需要适度恰当地使用手势。

在整个面试过程中，不要紧张，表述要简洁、清晰，同时注意观察面试官的表情变化，也就是做到察言观色，尽快把握面试官的兴趣点，再根据事先的准备内容有所侧重地进行表述。

你知道吗？

与主考官的意见不一致时，不要据理力争，虽然得到一时"嘴巴上的快活"，却会导致满盘皆输，要知道生死大权皆掌握在主考官手上，即使你不同意他的看法，也不能直接给予反驳，可以用诸如："是的，您说的也有道理，在这一点上您是经验丰富的，不过我也曾遇到过一件事……"

可以用类似的开头方式进行交流。但在下结论时不要主动表达与主考官的观点完全相反，要巧妙引导主考官自己做结论，这样就避免了与主考官直接发生冲突，并且恰当地表明了自己的观点，特别是在回答情景面试问题时，稍不注意，容易造成处理失当，并且过度自信也会导致忽略对场面控制。

6.3　面试后的礼仪

面试结束时，不论是否如你所料，被顺利录取，或者只是得到一个模棱两可的答复："这样吧，××先生/小姐，我们还要考虑一下你和其他候选人的情况，如果有进一步的消息，我们会及时通知你的。"我们都应该以礼相待，用平常心对待用人单位。许多跨国公司经常是经过两三轮面试之后才确定最后几个候选人，并且还需要做最后的综合评估。求职面试的竞争是相当激烈的。

如果得到模棱两可的答复，我们应该对用人单位的人事主管抽出宝贵时间来与自己见面表示感谢，并且表示期待获得进一步与其面谈的机会。这样既能与用人单位主管保持良好关系，又能表现自己良好的处理人际关系能力。当用人单位考虑最后人选时，能增加自己的获胜机会。

6.3.1　面试结束后离开前的礼仪

1. 礼貌地与主考官握手并致谢

与人事经理最好以握手的方式道别，离开办公室时，离开办公室时应向人事经理点头致意或微笑说"谢谢你，再见"之类的话（图 6.8）。

2. 轻声起立并将坐椅轻手推至原位置

离别时，应该把刚才坐的椅子扶正到刚进门时的位置，声音尽量避免。

3. 出公司大门时对接待小姐表示感谢

图 6.8　面带微笑说"再见"

经过前台时，要主动与前台工作人员点头致意或说"谢谢你，再见"之类的话。

6.3.2　面试离开后的礼仪

以书面、E-mail 或短信的形式向面试单位发感谢信，感谢他们对你的认可和建议。

书面、E-mail 范文

尊敬的领导：

您好！

我是×××，是×月×号×位面试者中来自×××学校的中专生。

感谢贵公司给了我一个面试的机会。这次面试，从各方面，开阔了我的视野，增长了见识，使我得到全方面的提高，相信您对我各方面综合能力的肯定，一定能增强我的竞争优势，让我在求职的路上更加坚定自己的信心。感谢公司对我的关爱，感谢公司给我的这次毕生难忘的经历！

无论这次我能否被公司录用，我更坚信——选择贵公司是明智之举。无论今后我会在哪个单位上班，我都将尽职尽责做一名具有强烈责任感，与单位荣辱与共的员工，一名扎根于单位，立志为社会创造最大价值的攀登者，一名积极进取，脚踏实地而又极具创新意识的新型人才。

大千世界，芸芸众生，如我者甚众，胜我者恒多。虽然现在还很平凡但勤奋进取永不服输。如蒙不弃，惠于录用，必将竭尽才智，为公司鞠躬尽瘁！

感谢的同时，祝贵单位事业蒸蒸日上，一帆风顺！

此致

敬礼！

×××

短信范文

感谢您昨天为我面试花费的时间和精力。和您谈话觉得很愉快，并且了解到许多关于贵公司的情况，包括公司的历史，管理方式以及公司宗旨。我对贵公司的前途十分有信心，希望有机会和你们共同工作，为公司的发展共同努力。

×××

面试，在很多情况下是与面试官最直接的"短兵相接"，所以，一举一动、一言一行都会让面试官尽收眼底。所以面试礼仪就是最为重要的一个环节，礼仪是个人素质的一种外在表现形式，是面试制胜的法宝。面试礼仪这个环节又由许多小环节构成，如果礼仪知识知之甚少，或忽视礼仪的作用，在一个小环节上出现纰漏，必然会被淘汰出局。

小测试

1. 给自己制定一份求职面试的礼仪方案。

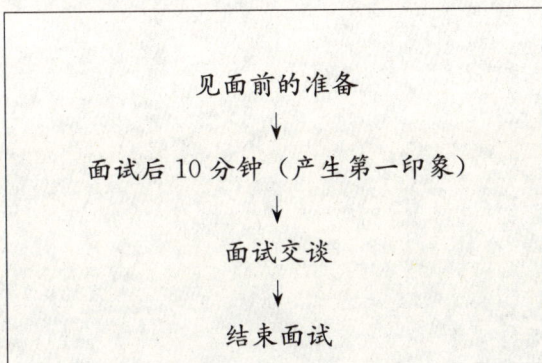

见面前的准备
↓
面试后 10 分钟（产生第一印象）
↓
面试交谈
↓
结束面试

2. 自己还需加强哪些面试礼仪？

3. 练习写一封面试后的感谢信或短信。

第7章 职场礼仪

● 了解接待与拜访、会议、宴请、仪式、办公室礼仪基本标准。

● 日常生活中熟练运用各种礼仪进行社交。

7.1　接待与拜访礼仪

你知道吗？

通常公务接待都有不同的规格，规格不同，接待的要求也不同。
宏远公司张总经理接待来访的夏华公司李副经理，属于什么规格的接待？

7.1.1　接待的规格

接待与拜访是我们必不可少的日常工作。我们代表单位接待来宾时，应该怎样树立良好的"第一印象"？我们进行公务拜访，应该有哪些礼节和要求？

接待，是对来访者的迎接、招待和欢送。职场中的接待工作是一项重要的公务活动，热情周到、礼貌待客，能够为企业树立良好的社会形象，增加相互的信任和友谊，促进交流与合作，应该加以重视。

高规格接待，是陪客比来客职务要高的接待。例如：下级来访、上级领导派一般工作人员向下级口授意见和要求、兄弟单位派员商谈重要事宜时等。

对等接待，是陪客与客人职务、级别大体一致的接待。

低规格接待，是陪客比来客职务要低的接待。例如：上级领导视察时等。

1. 接待规格的重点

接待规格是接待工作中的重要环节，直接影响接待效果，需要认真筹备，精心策划。接待工作的主要环节包括以下几个方面：

(1) 迎送服务。迎是接待工作的起点，送是接待工作

图 7.1　面带微笑迎客

的终点，抓住了这两点，就抓住了接待工作的重点。搞好迎送服务，一是要弄清情况，了解来宾的人数、性别、身份、抵达日期、乘坐车、船、飞机的班次等。二是要周密计划，安排好来客参观、洽谈等活动。三是要确保落实，工作热情细致（图 7.1）。

(2) 膳食服务。"民以食为天，客以吃为先"，膳食服务是接待工作的关键一环，不能粗心大意。

例如：1958 年，周恩来总理宴请波兰国家领导人时，正当宾主双方频频举杯，气氛热烈之际，上来了一道冬瓜汤，顿时波兰客人神情严肃起来，原来厨师在制作冬瓜汤时，不经意将冬瓜雕成了"卐"字花型，这个符号对饱受法西斯蹂躏的波兰人民是一个痛苦的象征。此时，周总理机智地说："来，让我们一起消灭法西斯"，从而及时化解了一场国际政治风波。

（3）住宿服务。要求环境优美，设施完善，清洁卫生，安全可靠。

（4）陪同服务。要求全心全意，热情周到，随机应变。

（5）行车服务。要求准时、畅通、安全。

（6）安全服务。要求做好安全保卫工作。

接待工作由"吃喝拉撒睡，迎来送往陪"等许多小事构成，如能处理得当，就能见微知著；处理不当，就会造成负面影响。周总理曾说："别看我们接待工作倒个水，引个路，搞不好关系到政治问题。"这就要求有关人员在从事接待工作的时候，要会办事，办好事。

2. 引导客人的要领

（1）提示。引导来宾前去会晤上司，应做提示，以便让对方思想上有所准备。例如："我们现在前去张经理办公室。"

（2）同行。与来宾同行时，通常走在来宾的右前方，配合来宾的步伐，保持 1 米左右的距离，并不时左侧回身，调整步伐，应答提问，招呼来客。

（3）示意走向：在走道上，遇交叉或转弯，要伸出右手向来宾示意走向。例如："请往这边走。"

图 7.2　乘坐电梯

（4）乘电梯前，须向客人说明在什么位置。进出电梯，如果有电梯工，应请客人先进先下；如果无电梯工，接待人员应请客人后进先下，并主动操作按键，注意电梯门开合的时候，别让客人被夹住（图 7.2）。例如："会客室在六楼"。

（5）开门引导。来到会客室或领导办公室前，接待人员应该停住脚步，转身面向来宾说："接待室就在这里"，并开门引导来宾进屋。如果是拉门（朝外开的门），接待人员应站在走廊里按住门，等客人进入后再进入；如果是推门（朝内开的门），接待人员应先入内，把住门，侧身请客人入内。例如："接待室就在这里"。

（6）引坐。进屋后，将来宾引至上座，或由领导安排座位。例如："请坐。"

你知道吗？

远在三千多年前的殷代，就有官办的"驿传"，这是一种提供传递公文和来往官员居住的旅馆；到了周朝，在一些交通要道设置了供客人投宿的"家舍"。秦始皇统一中国后，各地建有"行宫"。汉朝随着商业的发展，各地兴建了接待旅客的"群邸"，在长安城内还建起了为外国使者和商人提供住宿的"蛮夷邸"，这可以说是最早的涉外宾馆；唐宋以后设置的"驿站"和"四方馆"，有住宿、餐饮的功能；明清两代，这种综合服务日趋完善。如今，接待工作应更规范。

7.1.2　拜访礼仪

拜访又称拜会、拜见，公务拜访是指具有一定的工作目的的较为正式的交往方式。拜访的礼节如下所述。

1. 事先有约

事先约定时间、地点，应以主人方便为前提，既反映了个人的修养，也体现对主人的尊重。

公务拜访最好在工作时间内，应尽量避免占用对方的休息日、休假日或午休时间，应避免在清晨或夜间进行拜访。要知道，做不速之客和失约都是不礼貌的。

2. 尊重对方

到达拜访地点后，应对接待人员说明来意，听从接待人员的引导。进入接待室后，应坐在下座等候，对方进来后应马上站起来，握手并等对方坐下后再坐下。在谈话过程中，要注意自己的姿势、态度，不要给人留下傲慢无礼的印象。

3. 适时告辞

在拜访目的基本实现或达到预约的时间时，应见好就收，适时告辞。通常一般性拜访不要超过1小时，初次拜访不要超过0.5小时。

小测试

1. 想一想：职员小芳正在办公室打电话，这时有客来访，请问她应该怎样做才能使各方都满意？
2. 两人或三人一组进行接待情景模拟练习：招呼来客、与客同行、送别来客。

7.2　会议礼仪

7.2.1　安排会务的礼仪

会务工作包括各种专题会议、联席会议、总结会、联欢会等的组织安排。一旦会议名称和时间、地点确定，办公室人员就需要做大量的准备工作。

1. 确定会议议题

每个会议都有其目的、重点，大到全国人民代表大会，小到班组学习座谈会，都必须在会前明确议题，否则，目的不明、可开可不开的会议还是不开的好。

2. 拟发会议通知，确定会议议程

会议通知的内容要尽可能详尽、明确。这样既帮助与会者事先做好会议准备，同时也是对与会者的尊重与礼貌。会议通知上必须写明会议组织单位、会议时间和地点、会议名称、会议的目的和内容、会议期限和日程，必须参加人及其所应做的准备，以及报到时间、地点等。而整个会议议程要事先拟定，从而可保证整个会议能够有条不紊的进行。

3. 布置会场

应根据会议的主题、性质、与会者人数来选择会议场所的档次、大小和地点，会场的布置要和会议内容相统一。大、中型会议往往要设主席台，台上悬挂端庄醒目的会标（亦称横幅），摆放红旗、鲜花等装饰物。会场中设置宣传会议的标语、参加会议代表团的标牌、指示路线达到路标及表示欢迎的室外标语等。此外，还必须安排好音响、照明、录音、录像等。大型会议还要安排好进场、退场的路线。

4. 安排会场座位

（1）会场座位格局的类型。

会场座位格局的设计和安排应根据会议的性质、会场的大小和会议的规模等因素来确定，一般可选择以下布置形式：

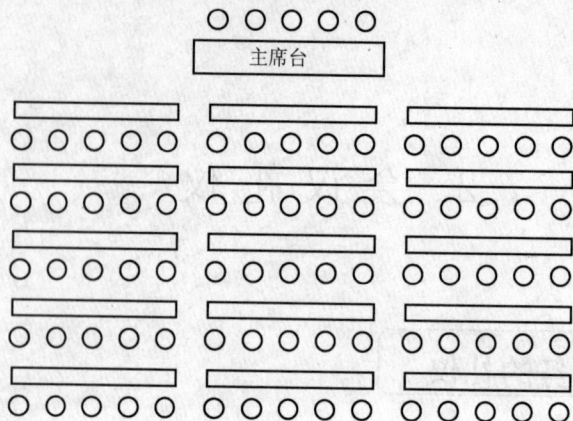

图 7.3　礼堂式座位格局

礼堂式座位格局：这种布置场面开阔，较有气势，适合召开大中型的报告会、总结表彰会、代表大会等（图 7.3）。

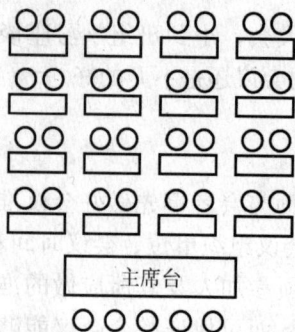

图 7.4　教室式座位格局

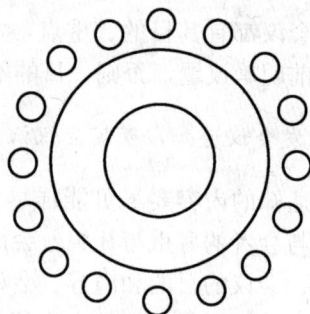

图 7.5　圆桌式座位格局

教室式座位格局：这种布置风格是针对不同的房间面积和与会者的人数在安排布置上有一定的灵活性，而且狭长的会场设置便于与会者注意力集中（图 7.4）。

圆桌式座位格局：这种布置适于小组讨论，布置一般较为随意，方便与会者交换意见。但容纳人数有限，一般以 10 人左右为宜（图 7.5）。

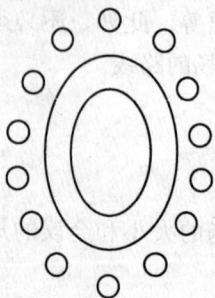

图 7.6　椭圆式座位格局

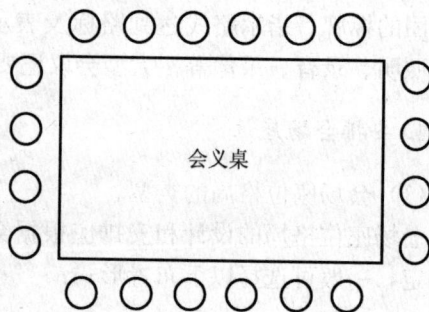

图 7.7　长桌式座位格局

椭圆式座位格局：这种布置一般适宜于 20 人左右的小型会议（图 7.6）。

长桌式座位格局：这种布置一般适宜当讨论问题或试图做出决定时，安排持相反意见的两派成员坐在长桌的相对两边，有利于决议的顺利产生（图 7.7）。

你知道吗？

> 圆桌会议是解决问题，能让所有人享有均等与会权利的最佳方式。——亚瑟王

（2）主席台座位的安排。

主席台的座位的排列一般根据在主席台上就座人员的职务、级别或社会地位与声望的高低排列，最高者排在主席台第一排的正中座位，其余按高低顺序，以正中座位为点，面向会场，依照左为上、右为下的原则，一左一右的顺序排列（图 7.8）。会议主持人的座次往往安排在第一排，也要依其职位确定其座次。座位上可放置名签。由于主席台座次排列属于敏感问题，遇到重大会议时，秘书人员应请示领导。

图 7.8　主席台人员座次的排列

a. 奇数个人员座次排列样式　　　b. 偶数个人员座次排列样式

5. 做好迎接接待工作

（1）做好会议迎送工作。

凡是一些大型、中型的会议，一定要安排好与会者的迎送工作。接待人员应事先掌握被接与会者姓名、接站时间、地点和确切的航班、车次、抵达时间等信息，备好接站标志，合理安排接站交通工具等。

你知道吗？

> 大地公司定于 2003 年 2 月 15 日在北京召开为期两天的新产品推广会，邀请了国内外十几家合作公司的管理人员、技术人员近百人参加。秘书王萌负责安排接站报到工作，但因春节后客流较大，她又缺乏一定的经验，致使部分与会者没能找到接站处，费了很大周折才找报到地点，因而损害了企业的良好形象。
>
> 请分析：王萌应该怎样安排会议接站工作才最妥帖？需要事先准备什么？返程票是与会者最为关心的问题之一。提前做好这项工作，能解除与会者的后顾之忧。如与会者的返程时间或交通工具选择变更，接待人员应尽可能满足其要求。

（2）会议食宿安排。

会议食宿安排的原则是让与会者吃好、住好，又不会造成浪费。就餐可适当照顾

少数民族代表和年老体弱者，确定好伙食标准和进餐方式。具体安排住宿时，要根据与会者的职务、年龄、健康状况、性别和房间条件综合考虑，统筹安排。

6. 做好会间服务工作

在会议正式开始前，为了准确统计到会人数、确保会议的顺利召开，接待人员应热情主动地迎接与会者，认真做好入场的签到工作，并按礼仪规范引导与会者入场就座。引导时，接待人员走在与会者的左前方 1 米左右，使用标准的手势指示路线、方向，面带微笑，同时伴随有礼貌用语，如"请往这边走""小心地滑""您请进""您请坐"等。

会间服务是保证会议顺利进行必不可少的工作，会议工作人员要重视会间服务，即使是对端茶送水这样的小事，也不能掉以轻心。奉送茶水，须注意以下几点：

（1）端茶应先端给外单位坐在上座的人。

（2）茶杯不要放在会议资料上。

（3）将热水瓶放在会议室里，以备与会者用茶。

7.2.2　与会者的礼仪

1. 会议发言者礼仪

会议发言有正式发言和自由发言两种，前者一般是领导报告，后者一般是讨论发言。

正式发言者，应衣冠整齐，走上主席台应步态自然、刚劲、有力，体现一种成竹在胸、自信自强的风度与气质。发言时应口齿清晰，逻辑清楚，简明扼要。如果是书面发言，要时常抬头扫视一下会场，不能低头读稿，旁若无人。发言完毕，应对听众的倾听表示谢意。

自由发言则较随意，应要注意，发言应讲究顺序和秩序，不能争抢发言；发言应简短，观点应明确；与他人有分歧，应以理服人，态度平和，听从主持人的指挥，不能只顾自己。

如果有与会者对发言人提问，应礼貌作答，对不能回答的问题，应机智而礼貌地说明理由，对提问人的批评和意见应认真听取，即使提问者的批评是错误的，也不应失态。

2. 会议参加者礼仪

参加会议者应衣着整洁，仪表大方，准时入场，进出有序，依会议安排落座。开会时应表现良好的精神状态，认真听讲，不东张西望，不频繁看表。不要私下接打电话、小声说话或交头接耳，不要在会场内吸烟。发言人发言结束时，应鼓掌致意。中途退场应轻手轻脚，不影响他人。

你知道吗？

在一次年度总结报告会上，大家正在集中精神听总经理做年度报告时，忽然，"铃、铃、铃……"一阵响亮、刺耳的手机铃声将大家着实吓了一跳，大家循着手机铃看去，只见秘书小张正在慌忙地挂断她的手机。大家不满地望了望小张，又将精神集中到会议上去。可还不到 10 分钟，小张的手机铃声又再次响了，小张急忙跑出会议室接听手机，会场出现一阵小骚动，大家的注意力被扰乱了，一下难以将精神集中到会议上去，总经理出现不满的情绪，而这一切在门外的小张却没有意识到。

请分析：小张的行为为什么会引起大家的不满？会议期间应如何"管好"自己的手机？

3. 主持人的礼仪

各种会议的主持人，一般由具有一定职位的人来担任，其礼仪表现对会议能否圆满成功地结束有着重要的影响。

(1) 主持人应衣着整洁，大方庄重，精神饱满，切忌不修边幅，邋里邋遢(图 7.9)。

(2) 走上主席台应挺胸抬头，目视前方，摆臂自然。行走的速度应依据会议的性质而定，一般地说，欢快、热烈的会议，步幅应较大；纪念、悼念性的会议，步幅应较小；主持庄严的大会，步幅应自然。

(3) 入席后，如果是站立主持，应双腿并拢，腰背挺直。单手持稿时，右手持稿的中底部，左手五指并拢自然下垂。双手持稿时，应与胸齐高。坐姿主持时，应身体挺直，双臂前伸。两手轻按于桌沿，主持过程中，切忌出现挠头、揉眼、抖腿、手舞足蹈等不雅动作。

图 7.9　端庄、大方的主持人

(4) 主持人言谈应口齿清楚，思维敏捷，简明扼要。

(5) 主持人应根据会议性质调节会议气氛，或庄重，或幽默，或沉稳，或活泼。

(6) 主持人对会场上的熟人不能打招呼，更不可寒暄闲谈，但在会议休息时间可适当点头、微笑致意。

小测试

1. 10 人一组进行会议模拟练习：发言者、参加者、主持人。

2. 吉尔公司邀请全国客户到云南大理参加新开发的索纳塔轿车制动系统洽谈订货会，办公室行政主管苏冰负责安排与会人员的返程工作。苏冰想先解决容易预订的近处预订者的车票，再慢慢解决哈尔滨、沈阳等远地难以解决的车票、机票，而且她想当然的认为，只要为大家尽可能预订火车硬卧票就行了。结果，部分代表因不能及时拿到车票、机票而对主办公司极为不满，有些代表拿到票后，又要求更换车票或退票，结果闹得大家不欢而散，公司经理大汗淋漓，洽谈会工作成果也大打折扣。

请分析：苏冰有什么失误？如果让你做此事，你会如何做？（列出计划表格）

7.3　仪式礼仪

你知道吗？

我国举行签字仪式，一般在签字厅内设置一张长方桌作为签字桌。桌面覆盖深绿色台呢，桌后放两把椅子，为双方签字人员的座位，主左客右。座前摆放的是双方各自保存的文本，上端分别放置签字文具。如果是涉外签约，在签字桌的中间摆一旗架，悬挂签字双方的国旗。如果是国内企业之间签约，也可在签字桌两端摆上写有企业名称的席位牌。签字桌后应有一定空间供参加仪式的双方人员站立，背墙上方可挂"×××（项目）签字仪式"字样的条幅。

7.3.1　签字仪式

国家（团体、组织）间通过谈判，就政治、军事、经济、科技文化等某一领域内的相互关系达成协议、缔结条约时，一般都举行签字仪式。

1. 签字仪式的准备

安排签字仪式，首先应做好文本的准备工作，其次要确定签字仪式的参加人员，再就是布置好签字仪式的会场和准备好签字用具、国旗等物品。

2. 签字仪式的程序

参加仪式的人员进入签字厅后，签字人入座，其他人员应分主客双方按身份顺序依次排列于各自的签字人员座位之后。签约者的身份、职位，应双方对等。过高或过低都会造成不必要的误会。双方的助签人员分别站立在各自的签字人员的外侧，协助翻揭文本，指明签字处。签字人在本方保存的文本上签毕，由助签人员互相传递文本，再在对方保存的文本上签字，然后由双方签字人交换文本，互相握手。有时签字后，备有香槟酒，共同举杯庆贺。要注意，碰杯要轻，浅抿一口即可。也不能大声喧哗，举止要文雅有风度。

7.3.2 剪彩仪式

你知道吗?

1912 年,美国的圣安东尼奥州的华狄密镇上有一家大百货公司要开张,老板威尔斯严格地按照当地的风俗办事,在早早开着的店门前横系着一条布带,万事俱备,只等开张。这时,圣安东尼奥 10 岁的女儿牵着一只哈巴狗从店里匆匆跑出来,无意中碰断了这条布带。这时在门外等候的顾客及行人以为正式开张营业了,蜂拥而入,争先恐后的购买货物,真是生意兴隆。不久,当老板的另一个分公司又要开张时,想起第一次开张时的盛况,又如法炮制。这次是有意让小女孩去把布带碰断。果然财运又不错。于是,人们认为让女孩碰断布带的做法是一个极好的兆头,因而争相效仿,广为推行。此后,凡是新开张的商店都要邀请年轻的姑娘来撕断布带。后来,人们又用彩带取代色彩单调的布带,并用剪刀剪带代替撕断布,有讲究的还用金剪刀。这样一来,人们就给这种做法正式取了个名"剪彩"。

1. 剪彩仪式的准备

剪彩仪式可以单独举行,也可以在开业庆典中进行,是整个庆典仪式的高潮。

2. 剪彩物件的准备

(1)一般使用 2 米左右的红带与彩球结成的红色的缎带、绸带。

(2)选用新的、金色的剪刀。

(3)托盘、剪刀、彩球的数量应与剪彩人数一致。托盘用红绒布衬垫。

3. 剪彩人员的确定

剪彩人员主要在应邀的来宾中产生。一般为上级领导、部门主管、社会名流以及专家顾问、合作伙伴和本单位代表。

4. 礼仪小姐的选定

礼仪小姐可在公关、旅游及礼仪公司中聘请,或向社会招募,也可以在本单位女职工中挑选。一般标准是仪容较好,仪态端庄大方,有一定的文化素养和气质的年轻人。

5. 剪彩仪式的程序

在开店庆典中的剪彩仪式,只是整个庆典中的一个组成部分。如果是单独举办剪彩仪式，一般应有以下程序：

（1）嘉宾入场。剪彩仪式的开始前 5 分钟，嘉宾应在礼仪小姐的引领下集体入场。一般来说，嘉宾中的剪彩者应前排就坐，座位上应事先放好席卡。中央级的来宾只写"首长"，其他人可直接写姓名。

（2）礼仪开始。由企业主要负责人宣布仪式开始，奏乐、鸣炮，然后介绍到场的嘉宾对他们的到来表示感谢。

（3）宾主讲话。由主办单位代表、上级主管部门、合作单位代表以及社会知名人士先后发言，讲话内容应具介绍性、鼓动性、祝贺性，做到短小精干、言简意赅。

（4）进行剪彩。礼仪小姐在欢乐的乐曲声中登场，引领剪彩者按主办单位的安排站立在确定的位

图 7.10 美丽的礼仪小姐

置，这时拉彩者拉起红绸及彩球。在剪彩者剪断红绸、彩球落盘时，全体人员热烈地鼓掌。

（5）后续活动。剪彩过程结束，主办单位可安排一些文艺、参观、联谊、座谈、签名、题词、就餐等后续活动，具体做法可因剪彩内容而定，最后可以向来宾赠送一些纪念性礼品，热情欢送他们离去。

6. 剪彩仪式的礼仪

剪彩仪式中，剪彩者和仪式上的礼仪小姐是最突出的人物，剪彩仪式的礼仪也是主要通过他们表现出来的。

（1）对剪彩者的礼仪要求。

剪彩者是剪彩仪式的主角，由于他们的特殊身份，更易于被人们和媒体关注。他们在仪式上的举止行为，要特别注意做到符合礼仪规范。主要表现有：第一，修饰自己的仪表着装。第二，注意剪彩中的举止行为。第三，尊重主办单位，协力配合仪式进程。

（2）对礼仪小姐的要求（图 7.10）。

剪彩仪式上通常都有礼仪小姐参加，她们承担着装点仪式，具体参与仪式的服务等重任，在仪式上虽说是配角，但却体现着企业的形象和员工的素质，礼仪在她们身上显得尤其重要。

首先是仪容要高雅。剪彩仪式上的礼仪小姐，多数情况下统一身着中华民族传统的礼仪服装——旗袍，脚穿黑色高跟皮鞋，化上淡妆，盘起头发，面带微笑步履轻盈。争取一举一动，一颦一笑，都能给人以美的享受，做到典雅大方，光彩照人。其次是举止行为要规范。在仪式进行中，礼仪小姐应训练有素。走有走姿，站有站姿，整齐有序，动作一致。尤其应注意做到的是，始终保持应有的微笑。礼仪小姐在剪彩仪式中，应以规范的举止在服务中展示本单位的形象和风采，她们应当意识到，自己在礼仪上的一点点粗心大意就会给来宾带来深刻的印象，给企业带来损失。所以，礼仪小

姐的工作，需要坚强的自控力和高度的责任心。

你知道吗？

　　一般情况下，剪彩仪式选在即将启用的建筑、展览会、博览会的现场举行。具体地点为正门外的广场、正门内的大厅。

小测试

　　参加或观摩一次商务活动的剪彩仪式，提出自己对活动的感受。

7.4　办公室礼仪

1. 礼貌借阅公司书籍

（1）需借阅公司书籍时，应先向书籍保管员申请，填写借阅登记表。

（2）使用书籍时应尽量保护书籍完好，不批画、涂改、污损书籍，不对书籍进行撕扯、割页。

（3）使用完毕，应立即还到书籍保管处，以免丢失。

（4）不得擅自把公司书籍携出公司外，私自将图书带回家，违者按偷窃处理。

2. 合理使用复印机

（1）复印机是公司里使用频率较高的公共设备，同事间容易在使用时间上发生冲突，一般来说，应遵循先来后到的原则。

（2）在公司里一般不要复印私人的资料。

（3）如果碰到需要更换碳粉或处理卡纸等问题，又不知道如何处理时，就请别人来帮忙，不要悄悄走掉，把问题留给下一个同事，让人觉得你不为别人着想，遇到困难和责任不敢承担。

（4）使用完毕后，不要忘记将你的原件拿走，否则容易丢失原稿，或走漏信息，给你自己带来不便。使用完后，要将复印机设定在节能待机状态。

（5）当你有一大沓文件需复印，而轮候在你之后的同事只想复印一份时，应让他先用。

（6）如果复印机纸用完，谨记添加。

3. 办公室沟通礼仪

（1）要分清哪是公共的区域，哪是个人的空间。

（2）在办公室中要保持你的座位整洁、美观大方，避免陈列过多的私人物品。

（3）在和他人进行电话沟通，或者是面对面沟通的时候，你的音量尽量控制，两个人都能够听到就可以了，避免打扰他人工作。哪怕当电话的效果不好时也应该这样。

（4）尽量避免在办公区域用餐。有些公司员工中午是在自己的座位上进行就餐的，这不是一个良好的习惯，应该尽量避免在自己的座位上进餐。实在不能避免的情况下，尽量节省时间，或者就餐完毕之后迅速通风，以保持工作区域的空气流通。

4. 如何跟你的老板说再见

你知道吗？

珠珠发现，年终跳槽似乎已成为一种职场现象。尽管有年终奖、年终礼品，还有来年看得见的职位提升，可还是有人等不及过了春节，选择了"年终大逃亡"：交上辞职信就走人。因为新公司画了个更大更圆的饼，因为新公司急着有业务要开展。

于是提早30天交辞职的规定也就顾不上了，旷工就旷工吧，估计新公司也已经允诺了一定的补偿。可是，世界很大也很小，更何况同在一个抬头不见低头见的职场混，一个成熟的职场中人，应该在辞职之时多考虑一下自己的离开对原公司可能造成的冲击，更应该考虑降低自己的辞职成本。

其实辞职是一种艺术。当你决定辞职，不仅对你自己有影响，对同事对上司，甚至对部门都会有影响。所以，最好的做法是直接跟主管提辞职，而且诚实地说明辞职的原因。有些人可能会选择欺骗，这种逃避的方法短期内或许可以避免尴尬，可万一很快"穿帮"，给原公司发现真相，难保你的未来信誉不受影响。

你应该先与主管讨论，什么时候让同事们知道，以及如何将工作合理移交。有的公司为便于工作，有严谨的代理人制度，交接过程会容易一些。如果没有这样的制度，那你在辞职之前有5件事是非做不可的：

（1）如果你想把属于自己的档案带走，交辞职信前就应该处理好。离开前匆匆忙忙地准备，难逃"瓜田李下"之嫌。

（2）要带走的任何资料，先确认是否有知识产权问题，伤害原公司利益的事情不要做。

（3）若是进入原公司的竞争公司，尽量少谈原公司的竞争策略与业务机密。谈论这些虽然可能会暂时性地讨得新主的欢心，甚至可能因此提高自己的薪酬与职位，但更会因此而落个背叛与出卖的恶名。

（4）避免以负面方式谈论原公司，这会影响你在行业内的声誉。

（5）不要积极挖原公司的人进新公司，否则新公司虽然短期获益，却会令新公司对你渐生防范之心，怕你再度离职时再挖墙角。

所以，纵使你对公司有强烈不满，离职要低调。因为外人很难搞清楚到底发生了什么，弄得满城风雨，不免让人质疑你的 EQ 和为人处事的方法。既然想除旧布新，不妨调整心态，一切向前看，这样，你才能在新的工作环境里有更好的发展。

5. 工作制服不应到处穿

工作制服是为体现身份或者方便工作的服装，因此工作制服只适宜在工作岗位上穿着，下班后应立即换上便装，不要穿着制服逛街、就餐、娱乐，尤其是公职人员更要注意。在制服的穿着方面还有一个容易被忽视的细节：常有餐厅工作人员，甚至是厨师穿着工作制服进出公共厕所。这样不仅会令顾客对餐厅的印象大打折扣，也是不符合食品卫生规范的。此外，美容、餐饮等对卫生要求较高行业的从业人员去公共厕所前也都应先换下工作制服。而且还要注意，不要穿着工作服到商场、车站这类人员密集的场所。

6. 办公室穿着礼仪

虽然女性应该保持年轻的心态，但是在职业场合还是应该保持一定的稳重形象，不宜为了使自己看起来年轻而以可爱款式的"娃娃装"来装扮自己（图 7.11），成熟、职业化的服装更容易被大家接受（图 7.12）。

图 7.11　时尚装

图 7.12　职业装

夏天的时候，许多职业女性不够注重自己的身份，穿起颇为性感的服饰。这样你的智慧和才能便会被埋没，甚至还会被看成轻浮。因此，再热的天气也应注重自己仪表的整洁大方。

7. 办公室手机的使用

手机在职场上起着举足轻重的作用，但有的人往往忽略手机的使用礼仪，这主要体现在手机不分场合地响起铃声以及在与人交谈中频频接打电话。此外，不恰当的铃声设置和彩铃也会令你失礼于人。公务员、公司管理人员等由于岗位性质的需要，应该以稳重的形象示人，因此在工作场合中，如果响起"爸爸，接电话""汪、汪"这样的手机铃声不仅会显得很不严肃，而且与自身身份不符。同样，在工作期间，如果有人拨打手机联系公事时，却听到"我就不接电话呀，我就不接电话，别人的电话我都接，我就不接你电话"这样的搞笑彩铃也是会令人反感的。

外出随身携带手机的最佳位置是放入公文包里，最好不要放在衣服兜里，至少不要别在腰上或放在裤子后兜。女士则要注意，手机就算再好看和小巧，也别把它挂在脖子上。

由于手机话费相对较高，而且通讯属于个人私事和个人秘密，因此联系不熟悉的人时可先拨打其办公室座机，有急事需拨打手机时则应注意讲话言简意赅。如果需要长时间通话，应主动询问对方是否需要拨打其座机电话。

8. 用手示意别用指头指

在工作中，人们常会忽略手势礼仪，常常因一个小动作而失礼，暴露出自己礼仪修养的不足。其中最常用的举手示意手势却常被不规范使用，显得对人有失敬意。正确的示意手势应该是除拇指外四指合拢，伸出手掌用指尖所指的方向示意，而不能直接伸出食指，用一个指头进行指示，尤其是在相互介绍的场合，最忌讳用一个指头指着人向第三方介绍。假如用手指直接指向对方就更加不礼貌了，甚至会引起对方的反感。此外，一些人习惯性地用手中正在使用的笔指点对方或做示意，也不符合礼仪规范。

在与人交谈时，如果反复摆弄自己的手指，比如活动关节，甚至发出"嘎、嘎"的声响，或者是手指动来动去，会给人以不舒服的感觉。

在工作之中，若是将一只手或双手插放在自己的口袋之中，不论其姿势是否优雅，通常都是不允许的。正确的做法是双臂自然下垂，双手掌心向内轻贴大腿两侧。

第8章 涉外礼仪

学习重点

● 了解涉外礼仪基本知识。

● 掌握接待礼仪要点及注意事项。

● 了解见面的涉外会面礼仪。

8.1　涉外礼仪概念、原则、要求

　　随着我国的国际地位在世界上日益提高，对外开放政策越来越深入，外事活动日益增多，随之接触和接待外宾的次数也逐渐增多了。因此，了解一些涉外的基本知识、学习一些有关外事的基本礼仪，对于增进与世界各国政府、人民之间的互相交往，加强各国各民族间的团结，维护世界和平都有着积极的意义。

8.1.1　涉外礼仪概念

　　涉外礼仪是指国家或者个人在对外交往和涉外工作中，在维护国家及个人形象的前提下，所执行的向交往国或个人表示尊重、友好与礼貌的礼仪规范。涉外礼仪是在长期的国际交往中逐步形成的，属于国际通行的一种专用性礼仪规范（图 8.1）。

8.1.2　涉外礼仪的原则

　　◆ 平等相待，礼尚往来；
　　◆ 尚礼好客，客随主便；
　　◆ 不卑不亢，互相尊重；
　　◆ 尊重礼俗，求同存异；
　　◆ 遵守外事纪律，注重礼仪礼节；
　　◆ 慎重表态，信守约定。

图 8.1　握手

　　在外事接待活动中，对待来访的外国客人奴颜婢膝、低三下四或高傲无礼，都是违反涉外礼仪原则的。正确的做法应当是不卑不亢。对于接待的外国客人来说，我们是主人，理当热情接待客人，但又要注意维护国家民族的尊严，维护个人的气节。

8.1.3　涉外礼仪基本要求

从国际交往的角度来看，涉外礼仪有什么基本要求呢？

宏观上来讲有三个基本要求：

（1）要求尊重为本。尊重，是礼仪之本，也是待人接物之道的根基之所在。但是尊重在国际交往中，有两个方面的要求，不能够偏袒于一方。第一个方面的要求就是要自尊为重，要强调自尊自爱；其次我们强调要尊重交往的对象，不仅要自尊，而且要对交往对象表示尊重。

（2）要尊重自己的职业。工作分工不同，"闻道有先后，术业有专攻"，在任何国家、任何社会，真正被别人尊重的人，是有实力的人，是学有所长的人，是专业方面有本事的人。所以要爱岗敬业，这样的人才会赢得尊重，各国皆然。

（3）要尊重自己的单位。大到我们的国家和民族，小到我们现在供职的地方，在国际交往中，我们有责任、有义务维护它的尊严和形象。

我们一般常讲五句话："尊重上级是一种天职，尊重同事是一种本份，尊重下级是一种美德，尊重客户是一种常识，尊重所有人是一种教养。"这五个方面，涉及到人际交往的方方面面，要尊重，要全方位的尊重，不能失礼于人。涉外礼仪，强调它的规范性、对象性、技巧性。

8.1.4　涉外礼仪中的国际惯例

1. 热情有度

它的含意是要求人们在参与国际交往，直接同外国人打交道时，不仅待人要热情而友好，更为重要的是，要把握好待人热情友好的具体分寸。否则就会事与愿违，过犹不及。

中国人在涉外交往中要遵守好"热情有度"这一基本原则，关键是要掌握好下列几个方面的具体的"度"。第一，要做到"关心有度"。第二，要做到"批评有度"。第三，要做到"距离有度"。

2. 尊重隐私

在国际交往中，人们普遍讲究尊重个人隐私，并且将尊重个人隐私与否，视为一个人在待人接物方面有没有教养，能不能尊重和体谅交往对象的重要标志之一。

一般而言，在国际交往中，有"个人隐私八不问"：① 收入支出。②身体健康。③ 信仰政见。④ 年龄大小。⑤家庭住址。⑥ 所忙何事。⑦ 恋爱婚姻。⑧ 个人经历。

3. 信守约定

信守约定是国际交往中的重要礼节，与人相约不仅要遵守时间，而且要兑现诺言。我们要特别注意以下三点：

（1）对自己已经认可的约定务必认真加以实施，树立中国人诚实守信，说话算数，讲究信誉的良好形象。

（2）尽可能避免，更不能随心所欲地对已有的约定进行修改变动，如果由于难以抗拒的因素致使自己难以履约或单方面失约，应事先通知或事后向外方如实解释、郑重致谦，并对由此给对方造成的某些损失主动承担责任。

（3）在对外交往中，许诺必须谨慎，不管是答应对方所提的要求，还是自己主动向对方提出建议或许诺，都要深思熟虑，量力而行，切勿草率而行。

4 女士优先

尊重妇女在西方显得待别突出。其核心内容就是在男女都有的社交场合中，男士要照顾、礼让女士。尊重妇女在西方被简洁地归纳为"女士优先"。在许多国家的社交场合，如上车下车、上下楼梯、进出电梯时，均让妇女先行，并主动予以照顾（图8.2）。

图 8.2　女士优先

你知道吗？

1981 年，一张菲律宾人杀狗的照片在英国引起轰动，英国的动物爱好者协会为此专门向菲律宾驻英国的大使馆递交了抗议书。

一般来说，欧美国家对所有的野生动物和宠物都予以保护，他们认为，这些动物和人类一样，都是上帝创造的生灵，同样拥有生存的权利；再加上近来环境保护主义的盛行，动物还被看作是环境保护的最主要内容之一，所以这些国家的人们普遍反对人为地减少动物的数量，而宠物则往往被看作是家庭的成员，所以，宠物和人一样应该得到尊重和保护。所有这些观点都是西方社会普遍接受的，这里或有历史的原因，或有科学的道理，或有不合理的地方，有很多观点是我们所无法接受的，但无论怎样，爱护动物的思想已经为这些国家的法律界人士所接受，有的还形成了法律。

5. 入乡守法

每个国家都有自己的法律，各个国家的法律也各有不同，这种不同虽不像风俗习惯差别那么大，但也不可忽视，以免给自己带来麻烦。比如，在许多国家都会发现男女吵架的现象，吵架双方有时甚至相互谩骂，但在埃及开罗市却难以见到这种现象，人们发现一些平时比较粗鲁的男人们在女人面前会变得文雅些，这是因为开罗市的法律规定，凡是在女子面前粗言秽语的男人将被监禁一周。在许多国家，一些我们觉得无所谓的事情却很受重视，甚至上升到法律的高度来约束，我们必须有所了解并予以遵守，这就叫入乡守法。

小测试

1. 涉外礼仪的概念有哪些？
2. 涉外礼仪的原则有哪些？
3. 涉外礼仪基本要求有哪些？
4. 涉外礼仪中的国际惯例是什么？

8.2　涉外交际中的接待礼仪

你知道吗？

在一次外交活动中，一个人没有话说，就问外国朋友，"你们吃过饭没有？"他们很实在，"我们都没吃，你请吧。"

外国人有个习惯，喜欢恭维异性，见男士会说你很帅很酷，见女孩子会说你很漂亮，甚至会说你很性感，很有魅力。当别人说小姐你很漂亮时，我们一定要落落大方地看着对方的眼睛，说一声"谢谢！"两军相逢勇者胜，充满自信的人、临阵不慌的人容易得到尊重！

8.2.1　礼宾次序及其要求

礼宾次序是指国际交往中对出席活动的国家、团体、各国人士的位次进行安排的某种规则和惯例进行排列的先后次序。通常来说，礼宾次序体现东道主对各国宾客给予的礼遇；而在某些国际性的集会上则表示各国主权平等的地位。如果礼宾次序安排不当，就会产生这样或那样的麻烦。其排列方法，通常有以下

图 8.3　社交场合行走规则

三种：

（1）按外宾的身份与职务的高低顺序排列。这种排列方法是礼宾次序排列的主要依据。如按国家元首、副元首、政府总理（首相）、副总理（副首相）、部长、副部长等顺序排列。各国提供的正式名单或正式通知是确定职务的依据。

（2）按参加国国名的字母顺序排列。多边活动中的礼宾次序通常按参加国国名字母顺序排列。一般以英文字母顺序排列居多，个别情况也有按其他语种字母顺序排列的。

（3）按通知代表团组成的日期先后排列。在一些国家举行的多边活动中，若各国代表团的身份、规格大体相等，东道主则按派遣国通知代表团组成的日期排列，或按代表团抵达活动地点的时间先后排列，或按派遣国决定应邀派遣代表团参加该活动答复的时间先后排列。

不同的礼宾次序其要求也不同，通常有以下三种：

（1）社交场合的一般要求。在一般社交场合，约定俗成的做法是：凡涉及位次顺序时，国际上都讲究右贵左贱。即一般以右为大、为长、为尊；以左为小、为次、为偏。行走时，应请外宾走在内侧即右侧，而我方人士则走在外侧即左侧；进餐时，主人应请客人坐在自己的右边（图8.3）。

（2）不同场合的特殊要求。同行时，两人同行，以前者、右者为尊；三人行，并行以中者为尊，前后行，以前者为尊。进门、上车时，应让尊者先行。下车时，低位者应让尊者由右边下车，然后再从车后绕到左边上车。坐轿车时，以后排中间为尊位，右边次之，左边又次之，前排最小。

迎宾引路时：迎宾，主人走在前；送客，主人走在后。上楼，尊者在前，下楼，则相反。在室内，以朝南和对门为尊。国际上的一般惯例，桌次高低以离主桌位置远近而定，主宾或主宾夫人坐在主人右侧。我国习惯按客人职务、社会地位来排次序；外国习惯男女穿插安排，以女主人为准，主宾在女主人右上方，主宾夫人在男主人右上方。如果是两桌以上的宴会，其他各桌第一主人的位置可以跟主桌主人的位置同向，亦可面对主桌的位置为主位（图8.4）。

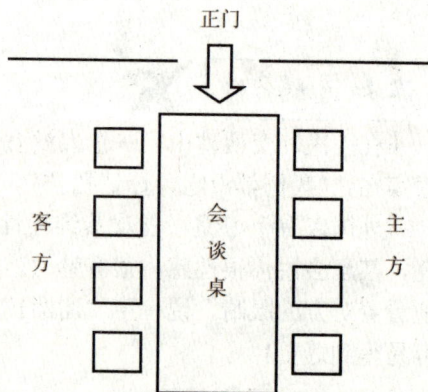

图8.4　位置安排

8.2.2　影响礼宾次序排列的常见因素

（1）政治因素。在多边活动中，礼宾次序的排列需要尽可能考虑客人之间的政治关系。若双方政见分歧大，两国关系紧张，就尽量避免安排在一起。

（2）身份、语言、专业的因素。席位安排主要依据礼宾次序来排，在排席位前，要落实能出席的主、宾双方名单分别按礼宾次序开列出来，并考虑语言习惯、专业对口等因素，以便交谈与沟通。

8.2.3 礼宾次序排列中应注意的问题

在实际操作时，礼宾次序是一个政策性较强、较敏感的问题，若礼宾次序不符合国际惯例及安排不当，就会引起不必要的误解，甚至损害到两国之间的关系。

(1) 席位安排的忌讳。安排宴会的席位时，有些国家忌讳以背向人，特别是安排长桌席位时，主宾席背向群众的一边和正面第一排桌主宾背后的座位，均不宜安排坐人。许多国家，陪同、译员一般不上席，为便于交谈，译员坐在主人和主宾背后(图 8.5)。

图 8.5 礼宾次序

(2) 外事、礼宾部门的指导。为了做到礼宾次序排列的准确无误，重大的、涉外的礼宾次序一般在外事、礼宾部门的指导下，慎重、细致地安排。

(3) 选择礼宾次序的最佳方案。礼宾次序的安排应慎之又慎，我们在安排时应尽量避免因礼宾次序安排不周而产生矛盾，这就要求多拟出几种方案，从中选择最佳或最满意的方案。

(4) 做好善后工作。由于安排、考虑不周或其他原因而引起礼宾礼序上的风波，组织单位、部门和主管人员对这种已出现的波折要努力做好善后工作，主人应做解释，尽量缓解"一人向隅，举桌不欢"的气氛，并使这种情形的影响减少到最小的范围和最低的程度。

8.2.4 迎送外宾的礼仪

在国际交往中，对来访的外宾，一般视其身份、地位和访问性质及两国间相互关系安排相宜的迎送。

迎接外宾前首先要做好两件事：一是确定迎送的等级规格。迎送规格各国做法不尽一致，没有固定的模式。但其基本要点和原则是一致的，即主要根据来访宾或宾客的地位、身份和访问的目的，考虑两国间的关系，同时注意国际惯例等做出决定。二是掌握抵达和离开时间。

具体的迎送礼仪分官方和民间团体两种。

1. 官方迎送礼仪

官方迎送要举行仪式。迎送仪式一般在机场（车站、码头）举行，也有在特定场所举行的，如总统府、议会大厦、国宾馆等地方。迎送仪式大体有：悬挂宾主双方国旗，宾右主左；在国宾行走道上铺红地毯；接待国职务、身份对等的官员临场；需要时通知各国或部分国家驻本国的使节参加；由儿童或女青年献鲜花；奏两国国歌，先宾后主；检阅仪仗队，来宾在右，主迎在左，沿红地毯徐徐行进；鸣放礼炮。

2. 民间团体迎送礼仪

不举行正式仪式，只安排对口单位的对等人员前往迎送。对身份较高的宾客则安排在机场（车站、码头）贵宾室稍做休息。将住房、乘车号码卡片发到客人手中，便于客人主动配合。对一般客人，重点做好各项具体活动和生活的安排，派出人员迎送，双方互相介绍。对有大批客人的团体，可预先准备特定的标志，如小旗、牌子，以便于主动接洽。

3. 悬挂国旗的礼仪

国旗是一个主权国家的标志和象征。在一个主权国家领土上，一般不得随意悬挂他国国旗。在国际交往中，已逐渐形成了悬挂国旗的一些惯例，为各国所公认。

世界上各国国旗的颜色主要用红、绿、蓝、黄、白、黑等，这些颜色各有一定的含义。红色象征先驱者的鲜血，象征为国家独立、民族解放而斗争的精神。绿色象征吉祥；蓝色象征海洋、河流、天空；黄色象征阳光、黄金、矿藏、货源和财富等；白色象征和平、纯洁、公正。

按照国际惯例，悬挂双方国旗，以右为上，左为下。国际礼仪左、右的概念不是从观众的角度来区分的，而是从事物本身的角度来分辨的。当两国国旗并挂时，以旗本身的面向为准，右边挂客方的国旗，左边挂本国的国旗。如果国旗悬挂于汽车上，则以汽车行进的方向为准，驾驶员的左手为主方，右手为客方。所谓主客，不以活动所在国为依据，而以举办活动的主人的国籍为依据。国旗不要随意交叉悬挂或竖挂，更不得倒挂。制旗要规范、整洁。如果并挂、悬挂两面不同规格、尺寸的国旗，应将一面国旗放大或缩小，以使旗面积大致相等。悬挂国旗宜以正面（即旗套在旗的右方）面向观众，不用反面。一般国际上通行的挂旗方法有以下几种（图 8.6）。

1　2　3

客 方　主 方

两国国旗并挂

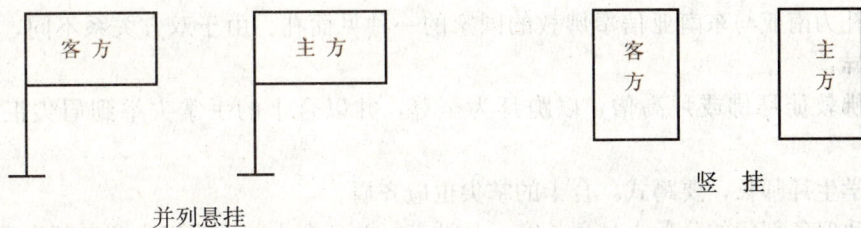

图 8.6　几种挂旗方法

（注：多面并挂，主方在最后，如系国际会议，无主客之分，则按会议规定之礼宾顺序排列。）

8.2.5　见面礼仪

在外交活动中，见面时的礼仪很多，主要有招呼礼、合十礼、拥抱礼、亲吻礼、军礼、鸣炮礼等。

1. 招呼礼

招呼礼是人们见面时最常用的礼节，即在日常的社会交往中人们见面时的互相致意和问候。与西方人打招呼，要避免用中国式的用语，如"您吃过饭了吗?"这会造成误解。一般用语是"早上好""下午好""晚上好""您好"等。在信奉伊斯兰教的国家，打招呼的第一句话是"愿真主保佑"；在信奉佛教的国家，则是"愿菩萨保佑"；这类问候都是祝福的意思。遇见熟人不打招呼，或者不回答别人向你打的招呼，都是不礼貌的。尤其是在外事场合。

如果和许多朋友见面，问候和致意的顺序是：先女后男，先长辈后晚辈；如果两对夫妇见面，应该先是两个女人相互致意，然后是两个男人分别向对方妻子致意，最后才是两个男人互相致意。

招呼礼仪最常见的是握手礼。在国际交往中，一般对男子称"先生"，日本人对身份高的女子也称"先生"。"女士"是西方国家对成年女性的通称，已婚女子称"夫人"，未婚女子称"小姐"。不了解婚姻状况的女子，可称"小姐"。这些称呼均可冠以姓名、职称、衔称等。

对地位高的官方人士，按国家情况可称"阁下"或"先生"。但美国、墨西哥、德国等没有称"阁下"的习惯，对有地位的男士可称"先生"。君主制国家，按习惯称国王、皇后为"陛下"，称王子、公主、亲王为"殿下"。对有爵位的人，可称爵位，也称"阁下"、"先生"。对于宗教界神职人员，可称呼他们的宗教职称。宗教礼仪中忌讳较多，称呼时要多加注意，如"神父"（天主教）与"牧师"（新教）切不可混用。

2. 合十礼

合十礼为南亚与东南亚信奉佛教的国家的一种见面礼。由于双方关系不同，姿势也略有差异：

（1）佛教徒拜佛或拜高僧，以跪拜为至尊，并以合十的手掌尖举到眉尖汇合处为限。

（2）学生拜师长，要蹲式，合十的掌尖也应齐眉。

（3）政府各部门的公务人员拜长官，是站着行礼，合十的掌尖以举到口部为准。

（4）平等官阶或是平民百姓相拜，同样是站着行礼但其合十的掌尖举至胸部即可。

3. 拥抱礼

拥抱礼是欧美的一种见面礼，多用于迎送宾客或表示祝福感谢等场合，通常与接吻礼同时举行。要是在普通场合，以拥抱为礼，则不必如此讲究，只要将热情友好之意表达出来就行了。

4. 亲吻礼

亲吻礼在西方是一种古老的见面礼仪，在欧洲和阿拉伯国家，亲吻礼是上级对下级、长辈对晚辈或在朋友间和夫妇间表示亲昵、爱抚的一种见面礼，并视不同对象采用亲额头、贴面颊、接吻、吻手背等形式（现在人们吻唇只限于夫妇之间或未婚夫妻之间）。

你知道吗？

我国军礼仪仗队由陆、海、空三军士兵组成，设在人民大会堂东门，不同的规格由不同的人数组成。首脑规格的仪仗队，由151～178人组成；国防部长、三军总参谋长检阅三军，由127人组成仪仗队；三军领导人检阅，由本军种组成104人的仪仗队。接受检阅时，军官行举手礼，士兵行持枪注目礼。

5. 军礼

现代许多国家的军人，都通用一种军礼或举手礼。为礼宾的需要而设立的礼兵队伍，称军礼仪仗队。军礼仪仗队通常由若干名武装士兵组成，列队在元首府门前，受国家元首或政府首脑的检阅（图8.7）。

图8.7　军　礼

6. 鸣炮礼

鸣炮礼起源于英国。意思是表示友好，解除武装，自己把自己炮膛里的炮弹全部打完。鸣放炮数的多少，则说明友好诚意和对对方尊重的程度，久而久之，鸣放礼炮便成为许多国家迎送国宾的国际礼节。现在国际惯例是：欢迎国家元首或相应级别的人时，鸣放 21 响礼炮；欢迎政府首脑或相应级别的人时，鸣放 19 响礼炮；欢迎副总理级官员时，鸣放 17 响礼炮。依次类推，均取单数。因为过去的外国海军有一种迷信，即视双数为不吉祥的数字，所以一直沿用至今。很多国家在举行盛大庆典时也鸣放礼炮，但响数、鸣放时间等都根据各国的具体情况而定。我国的开国大典鸣放礼理由是中国共产党横空出世，刚满 28 岁，28 响礼炮就是对中国共产党 28 年风雨历程的赞礼（图 8.8）。

图 8.8　鸣炮礼

8.2.6　涉外馈赠礼仪

你知道吗？

挑选送给外国友人的礼品时，一般在指导思想上必须恪守以下四个基本原则：

其一，要突出礼品的纪念性。在涉外交往中，送礼依然要讲究"礼轻情意重"。因为在很多国家里，都不宜赠送过于贵重的礼品。反之，则很可能会让受礼者产生受贿之感。

其二，要体现礼品的民族性。中国人司空见惯的风筝、二胡、笛子、剪纸、筷子、图章、书画、茶叶，一旦到了外国人手里，往往会备受青睐，身价倍增。

其三，要明确礼品的针对性。挑选礼品时要因人而异，因事而异。选择礼品时，务必要充分了解受礼人的性格、爱好、修养与品位，尽量使礼品受到受礼人的欢迎。此外，还应考虑到在不同情况下，向受礼人所赠送的礼品应当有所不同。比如，在国务活动中，宜向国宾赠送鲜花、艺术品。出席家宴时，宜向女主人赠送鲜花、土特产和工艺品，或是向主人的孩子赠送糖果、玩具等。

其四，要重视礼品的差异性。向外国友人赠送礼品，是绝对不能有悖于对方的风俗习惯的。要解决好这一问题，就要了解受礼人所在国家的风俗习惯。在挑选礼品时，主动回避对方可能存在的与礼品品种、图案、形状、数目、包装等有关的禁忌。

在与外国人交往中，适当的送一点礼品也是必要的，可以更好地表达自己的友好、礼敬之情，一件好的礼品，会让人产生美好的回忆。

选礼注意事项：

（1）投其所好，注意禁忌。这里涉及到民族所好和个人所好。如给意大利人送菊花，给日本人送荷花，给法国人送核桃，那肯定会引起不快，因为他们整个民族以此为不祥。在选择礼品时切不可草率从事。在选择礼品时，最好还要从侧面了解一下对方的兴趣爱好，如果能有一点个性的针对性，那效果一定会更好。

（2）轻重适宜，贵贱得当。礼物之轻重要以对方能愉快的接受、不会产生心理压力为尺度。涉外交往中，礼品不必花费太大，更不必太贵重，太贵重了，反会引发受礼者"重礼之下，必有所求"的猜测。只要表达心意即可。

（3）公开大方，避免神秘。与中国传统的馈赠习俗不同，涉外馈赠一定要公开大方，尤其不要不声不响地把礼品放在某个角落就离开，似乎其中有什么秘密似的。友情是可以公开的，友情拒绝神秘。中国世俗把送礼当成神秘兮兮的事，是因为送礼变味的缘故。在正常情况下，收礼人会当众展示礼品，并赞赏礼品的优点。为了使礼品更有色彩，精美的包装也是切不可少的。

8.3　东盟十国礼仪习俗

8.3.1　新加坡

图 8.9　新加坡鱼尾狮

新加坡居民中主要有华人、马来人、印度人等。其中华人占 77.2％。华裔保持中华遗风，见面讲华语，通常的见面礼是握手；印度血统的人因多数信奉印度教，故保持着印度的礼仪和习俗，如妇女额上点檀香红点，见面行合十礼；而马来血统的人则按伊斯兰教教规待人接物。政府官员不使用名片。谈话时，忌谈论政治和宗教方面的问题。在饮食上，有印度血统者忌食牛肉，忌用左手进食；穆斯林忌食猪肉。新加坡人忌讳数字"4"、"7"、"8"、"13"、"37"和"69"；到清真寺参观，忌穿鞋进入；讨厌男子留长发和胡子，在一些公共场所，常见到"长发男子不受欢迎"的告示牌；视黑色、紫色为不吉利，黑、白、黄为禁忌色，喜欢红、绿、蓝色；禁说"恭喜发财"；禁止使用宗教词句和象征性标志；忌讳乌龟。喜欢红双喜、大象、蝙蝠图案；忌大年初一扫地；忌讳有人口吐脏言；虔诚的佛教徒及印度教徒、伊斯兰教徒恪守他们的宗教禁忌（图 8.9）。

8.3.2　越南

图 8.10　越南国服（女子）

越南人有嚼槟榔的习惯，嚼槟榔通常是先苦后甜，可刺激神经，提神醒脑，除积消肿。越南人还把槟榔当作信物，无论求婚、请客，均送上一颗槟榔。

越南妇女爱穿花色窄袖长袍。越南妇女的长袍可以说是越南女子的国服，上身束腰，突出身段，使女子显得婀娜多姿，下摆舒展，开衩至腰际，活动方便。特别讲究的是，越南妇女穿长袍时，还穿一条黑色或白色的宽腿拖地长裤（图 8.10）。

8.3.3　菲律宾

在菲律宾，美国的生活方式得到仿效。菲律宾人和蔼可亲，愉快乐观，善于交际，作风大方，但时间观念不强。应邀到菲律宾人家中做客，至少要得到 3 次邀请，才可上门，否则就不要接受邀请。在一些人家，习惯于进屋前脱鞋，作为客人，要学着主人的样子做。如果要送礼，比如花，要在一到达时就送。参加宴请应迟到 15～30 分钟，否则被视为不礼貌，席间要尽量放松，若过于严肃，反而会使主人担心。饮酒过量被认为贪婪。受礼不能当面打开。菲律宾人家庭观念强，喜欢别人谈论他们的家庭（图 8.11）。

菲律宾人，不分男女，见面都握手，男人之间有时也拍对方的肩膀，表示问候。称呼上与西方人相同，但晚辈见长辈时，可称呼长辈为"博"（意为大爷）。

商务活动中，男子穿花色衬衫，宽松大裤；女子穿西装或衬衣、裙子；在拜访政府官员或商界人士时，宜穿保守式西装。在菲律宾，稍微正式一点的宴请，请柬上都会注明"必须穿无尾礼服等正装"。假如没有无尾礼服，则可穿当地的正装——香蕉纤维织成的"巴隆塔卡乐"裤和衬衫。

图 8.11　菲律宾欢庆日

菲律宾人的饮食风味受西班牙影响较大，烹调时爱用香辣调料。主食以大米、玉米为主，米饭放在竹筒里煮，用手抓饭进食；副食有肉类、海鲜、蔬菜等。不论男女，都爱喝啤酒。待客时，总少不了用槟榔来招待。

菲律宾规定，选举期间禁止喝酒，商店也禁止售酒；忌用左手递物、进餐；交谈时，忌谈论第二次世界大战，以及该国政治纷争、宗教、腐败现象和外国援助等话题；忌用手摸头部和背部；忌长时间用眼光与人对现，这种对视会被认为是向对方挑衅而往往导致暴力行为；召唤人时，伸出胳膊，手掌朝下，手指上下摆动，不可弯曲一个手指召唤人；站着双臂交叉在胸前，表示生气；不可窥视主人的卧室、厨房。去卫生间应征得主人同意。

图 8.12　马来西亚舞蹈

8.3.4　马来西亚

马来西亚人平易近人，愉快乐观无忧无虑。他们喜欢开玩笑，认为"笑口常开"是一种社交礼貌（图 8.12）。

马来西亚人在相互见面时，要按不同的年龄、性别等行不同的握手礼。同辈之间相遇时，行握手礼后还要把右手收回到自己的胸前轻轻拍一下；晚辈见长辈时要双手紧握长辈的手，收回双手后还要在胸前作抱状，同时身体朝前弯下，如同鞠躬；妇女与男人行见面礼时，要先用手巾将自己的手掌盖住，再同男人的手接触，然后收回胸前双手作抱状，同时弯身鞠躬。此外，马来西亚人还有一种奇特的施礼方式：双方见面时，要先互相朝前稍微靠拢，然后相互伸出手交叉触摸，再用手在脸部由上而下轻轻一抹，最后向脑前一点，彼此互相说："愿真主保佑你！"在与外国人或非伊斯兰教徒见面时，马来西亚人一方行西方国家的握手礼。

在马来西亚，最好的话题是谈论对方的商务活动或社会成就、足球比赛、马来西亚的文明史和各地区的烹饪方法等，马来西亚不喜欢人们把他们的生活与新加坡人相比较，此外，最好不要谈论宗教和种族问题。

马来西亚人最具代表性的衣着是"巴迪"，一种蜡染花布做成的长袖上衣，即使在正式场合也可以穿着。马来西亚人还有一种传统服装：男子上身穿无领长袖外衣，下身围一大块布，叫"纱笼"；女子穿"克巴亚"，即无领长袖连衣长裙。在公共场所，马来西亚人不论男女，衣着都不得露出胳膊和腿。

马来西亚人习惯用手抓饭进食，进餐时，桌子上有两杯水，一杯供饮用，一杯用于清洗手指。如果给你一只勺子和一把叉子，则用右手拿勺子，左手握叉子，先用叉子把食物拨到勺子内，然后再食用。马来西亚人禁酒，通常以热茶或白开水招待客人。马来人忌数字"0"、"4"、'13"等；忌穿黄色服装（黄色象征死亡）；忌猪、狗等动物，也忌乌龟，但却喜欢猫。在马来西亚，左手被认为是不洁之手，吃饭也好，递东西也好，绝对不能用左手。

8.3.5　泰　国

泰国人注重人际关系，讲礼貌，处事小心谨慎，不喜冒险。除了非常西化的场合，泰国人与人见面或告别时一般不握手，而是行合十礼。唯独和尚不受约束，可不必向任何人还合十礼，与人见面只点头微笑致意。泰国人将名放在姓之后，称呼时，无论男女，一般只叫名字不叫姓，并在名字前面加"坤"，意为您。如果不知道对方的名字，可以简单地用"坤"称呼他们。

与泰国人谈话的话题最好为泰国的食品、气候及对该国的一些良好印象，应避免的话题是政治、王室和宗教（图 8.13～图 8.14）。

泰国人非常重视头部，而轻视两脚。他们认为头是智慧所在，是神圣不可侵犯的，若被他人触摸是奇耻大

图 8.13　泰国（宗教）

图 8.14　泰国（泰姬陵）

辱，同时也切记勿触摸别人的头，即使是小孩也不行。如果是长辈在座，晚辈必须坐在地下或者蹲跪着，以免高于长辈的头部，否则就是对长辈不尊敬。另外，坐着的人也忌他人拿着东西从自己头上过。如用脚给人指示东西，用脚踢门，坐着时鞋底朝向他人等，都是不能容忍的。泰国人喜爱红色、黄色，并习惯用颜色表示不同日期。

在服装颜色方面，紫色为寡妇在哀悼时所穿；黑色表示悲痛，只在参加丧礼时穿。泰国男女青年都喜欢佩戴项链、戒指等首饰。饮食方面，最爱吃的是具有民族风味的"咖哩饭"，不爱吃红烧菜肴，忌食牛肉。泰国人进食时用叉子和勺（右手拿勺，左手拿叉），不习惯用筷子，有的人乐于以手抓饭取食。泰国人喜欢喝啤酒，不喝热茶，并习惯在喝的茶里放块冰，喝饮料时也同样配上冰块。

泰国人忌对僧侣态度不恭；睡觉时，忌头朝西（因为西方是日落之处，只有停尸时才头朝西）；忌用红笔签名（因为泰国人用红笔在棺材上写死人的名字）；禁用手抚摸寺庙中的佛像；忌家庭种植茉莉花（在泰语中，"茉莉"与"伤心"谐音）。到泰国寺庙烧香拜佛或参观摘帽脱鞋，以表示对神佛的尊重则会被视为玷污圣堂。必须衣冠整洁，进入寺庙时严禁穿背心、短裤者进入。

8.3.6 柬埔寨

柬埔寨人大多以大米为主食，鱼、虾为主要副食品。他们平时惯用盐将鱼腌在罐里贮藏，或做成鱼酱、鱼露，以留日后食用。他们很爱吃生辣椒、葱、蒜、姜等富有刺激性的食品；他们还爱喝酸鱼汤；饮酒的人在柬埔寨很普遍。柬埔寨男子一般都爱抽烟，女子大多都爱嚼槟榔。除和尚日吃两餐外，其他人一般都一日三餐。进餐时，一般不用桌椅，而是脚向后席地跪坐。用餐不习惯使用筷子，而是用盘子、叉子、汤匙，或用手抓饭。饭后有漱口的习惯。普遍喜食中餐素菜。主食以米饭为主。副食爱吃鱼、虾、牛肉、鸡、鸭、蛋类等，也喜欢西红柿、黄瓜、生菜、玉兰片、蘑菇、干贝等；生辣椒、葱、姜、鱼露、大蒜是他们不可缺少的调料。

图 8.15 柬埔寨
（民族装扮）

在柬埔寨存在着很多忌讳，须注意遵守。柬埔寨人认为右手干净，左手污垢，进食时用右手，递给他人物品要用右手或者双手。不能用手随便摸小孩的头顶，信奉佛教的柬埔寨人认为这样会给小孩带来灾难；女孩子不能用脚踢赶猫，否则人们会认为这个女孩找不到婆家；几个人同住一间卧室，年轻者睡觉的地方不得高于年长者的床铺，脱下的鞋子，不能悬挂于他人的头上方；拜访僧侣，要将鞋脱在室外，然后进入屋里。男女不得同时在一个池塘或湖泊里洗澡，长辈和晚辈也必须分开；在河里洗澡，男性在上游，女性在下游，而且必须相距一定的距离（图 8.15）。

8.3.7　老　挝

　　老挝人有嗜嚼槟榔和吸烟的习惯，就连妇女也不例外。他们用餐一般都不使用刀叉和筷子，而是惯于用手抓饭。祭寨神期间，禁止挑水、舂米等。人们用绳子绕村，竹子拦路，或在村口挂上树枝、竹圈等标志，外人不得进村，象征着寨神的东西或祭神物品不能动；进寺庙的佛堂要脱鞋，不能随便触摸佛像，更不能在佛寺或其附近杀生，不得把佛寺中的东西带出寺外，也不得把和尚禁吃的东西如狗肉、马肉、蛇肉及酒等带入佛寺内。老龙族认为，头顶是最尊贵之处，所以不能随便摸他人尤其是小孩的头顶；家里有病人、生孩子或进行祭鬼时，门口都设有标志，外人不能进入屋内；家里的神台不能动，不能在供神处坐卧或乱放物品；在室内，不能随便吐痰和在火塘边烘烤鞋袜。老、泰、瑶等一些民族，忌讳在家里挂白色蚊帐，盖白色被面的被子。对村旁河水的使用也有严

图 8.16　老挝（婚礼）

格的区分：上段的河水是用来饮用的，不能洗澡或洗衣物；中段是男人洗澡的地方；下段是妇女洗澡的地方。取水时，只要水源处有公共用具如竹筒之类，就不能使用自己的器具直接舀水。屋内的用水也有区分，小竹筒或葫芦里的水多作饮用，不能用来洗东西（图 8.16）。

8.3.8　缅　甸

　　缅甸人在饮食方面一般口味不太咸，爱食甜、酸、辣味，饭后有喝咖啡或热茶的习惯，不过他们爱喝的是怪味茶（即有茶叶拌黄豆粉、虾米松、虾酱油、洋葱头末、炒熟的辣椒子等，搅拌后冲成怪味茶饮用）。

　　缅甸人无论是进佛寺，见法师，或是进入塔院，有一条严格的禁忌，就是必须脱鞋，连袜子也不能穿。因为缅甸人认为鞋是最肮脏最龌龊的物品。缅甸农民把牛视为"忠诚的朋友"、"最大的恩人"。正因为如此，很多缅甸人，尤其是缅甸农民忌吃牛肉，认为吃牛肉是一种"忘恩负义"的背叛行为。所以，当你宴请缅甸朋友时，千万要问明客人是否忌吃牛肉，否则会是一种十分不礼貌的行为。缅甸男人十分忌讳从晾晒的妇女筒裙底下钻过，认为这样会倒霉一辈子。因此，缅甸禁忌妇女登上佛塔的塔基，禁忌妇女往佛像身上贴

图 8.17　缅甸（佛寺）

金。缅甸人认为头部是一个人最高贵的地方，一般不喜欢别人摸自己的头。所以，无

论你与缅甸朋友多么亲密，不要去随意摸他的头。不然，缅甸人会认为你伤害了他的尊严（图 8.17）。

印度尼西亚人重深交、讲旧情，他们把笑看成是一种交际语言。与熟人、朋友相遇时，传统礼节是用右手按住胸口互相问好，也可以点点头。对男士一般称先生，女士称夫人。在普通场合，男人之间打招呼可称兄弟。商务交往一定要互送名片，否则会遭受冷落。

印度尼西亚人不喜欢别人问他的名字。名字的长短往往能表示一个人的地位和富裕程度，有钱人的名字往往很长。多数中层人士有两个名字，下层人士只有一个名字。印度尼西亚人"明天"一词，并不表示第二天，而是将来某一天的意思。

图 8.18 印度尼西亚（婚嫁妇女）

印度尼西亚人有崇拜蛇和敬蛇的习俗，视蛇为"德性"、"善长"、"智慧"与"本领"的象征，有些地方还设有蛇舍，内设香案，供人祭祀。印度尼西亚是一个多民族国家，其风俗习惯千差万别。如米囊加堡人的婚姻习俗是女娶男嫁；柯卜巴厘女子爱赤膊露背，以示圣洁；客人到沙羌族住地时，禁大喊大叫，否则会被认为来意不善；爪哇人具有神秘的信仰，忌谈诞辰（图 8.18）。

在饮食上，不吃猪肉，不喜欢烈性酒，常用饮料有红茶、葡萄酒、香槟酒等。除在官方场合有时使用刀、叉、匙或筷子外，人们一般习惯用手抓饭。在拜访印度尼西亚人时，如遇到主人正在吃饭，他们会邀请你共同进餐，这时你不可推辞，否则会被认为是不懂礼貌。印度尼西亚人忌用左手传递东西或忌食乌龟；忌谈论政治类、国外援助等话题。

文莱是宗教色彩和马来民族传统较浓厚的国家，有一些独特的习惯和风俗。例如当地文莱人与人握手时，通常会把手收回到胸前轻触一下，以示真诚；从有身份的人或长辈面前经过时，要把手下垂并贴着身体，侧身轻步走过等。在文莱时应注意以下几点事项：

（1）参观清真寺或到文莱人家作客时，进门前要脱鞋以示尊重和清洁。

（2）左手被认为是不洁的，在接送物品时要用右手，招呼人或出租车时也不能用食指，要挥动整个手掌。

（3）不少文莱人不愿与异性握手，所以，除非他（她）们先伸出手来，不要主动与他（她）们握手。不要用手去摸他人的头部，此举被认为将带来灾祸。

图 8.19　清真寺

（4）参观清真寺或到文莱人家作客时，进门前要脱鞋以示尊重和清洁，不要从正在做祷告的教徒前走过，非穆斯林不能踩清真寺内做祷告用的地毯（图 8.19）。

（5）在指人或物时，不能用食指，而要把四指并拢轻握成拳，大拇指紧贴在食指上；在正式场合下，不要翘二郎腿或两脚交叉。

小测试

1. 礼宾次序的排列方法有哪些？
2. 迎送国宾的仪式包括哪些内容？
3. 东盟十国指哪十国？各有什么礼仪习俗？

8.4　世界各国文化习俗

你知道吗？

随着现在对外活动的增加，我们需要了解世界各国各民族的基本情况、风俗习惯、礼貌礼节和禁忌等，以便在各种接触中尊重各国各民族。世界上有 200 多个国家和地区，居住着 2000 多个民族，由于国家、地域、民族文化背景的差异，风土人情、礼仪礼节形式也大不相同。

8.4.1　日本（亚洲）

日本人十分讲究礼貌，注重礼节，讲究礼节是日本人的习俗，在与人交往时总是语气柔和，面带微笑，躬身相待，日本人善用礼貌用语，在语言上还分敬语与简语两种。凡是对长者、上司、客人都要使用敬语说话，以示尊重；对平辈、平级、小辈一般使用简语。日本人常用的敬语有"拜托您了""请多多关照""打扰您了"等（图 8.20）。

　　日本人待人接物态度认真、办事效率高，并表现出很强的纪律性和自制力。约会总是准点到达，很少误时。平时人们见面总要互施鞠躬礼，一般人们相互之间是行 30°和 45°的鞠躬礼，鞠躬弯腰的深浅不同，表示的含义也不同，弯腰最低、也最有礼貌的鞠躬称为"最敬礼"。男性鞠躬时，两手自然下垂放在衣裤两侧；对对方表示恭敬时，多以左手搭在右手上，放在身前行鞠躬礼，女性尤其如此。日本人初次见面对互换名片极为重视。初次相会不带名片，不仅失礼而且对方会认为你不好交往。

　　到日本人家里去作客，要预先和主人约定时间，进门前先按门铃通报姓名。日本人不习惯让客人参观自己的住房，所以不要提出四处看看的请求。日本人特别忌讳男子闯入厨房。上厕所也要征得主人的同意。

　　日本人无论是访亲问友或是出席宴会都要带去礼品，到日本人家去作客必须带上礼品。接受礼品的人一般都要回赠礼品。日本人不当着客人的面打开礼品，这主要是为了避免因礼品的不适而使客人感到窘迫。

图 8.20　日本男女传统服饰

自己用不上的礼品可以转赠给别人，日本人对此并不介意。

　　日本有纪律社会之称，人们的行为举止受一定规范的制约。在正式社交场合，男女须穿西装、礼服，忌衣冠不整、举止失措和大声喧哗。在日本，用手抓自己的头皮是愤怒和不满的表示。日本人大多数信奉神道和佛教，他们不喜欢紫色，认为紫色是悲伤的色调；最忌讳绿色，认为绿色是不祥之色；还忌讳 3 人一起"合影"，他们认为中间被左右两人夹着，这是不幸的预兆。日本人忌讳荷花，认为荷花是丧花。在探望病人时忌用

图 8.21　日本富士山

山茶花及淡黄色、白色的花，日本人不愿接受有菊花或菊花图案的东西或礼物，因为它是皇室家族的标志。日本人喜欢的图案是松、竹、梅、鸭子、乌龟等（图 8.21）。

你知道吗？

　　日本人有不少语言忌讳，如"苦"和"死"，就连谐音的一些词语也在忌讳之列，如数词"4"的发音与"死"相同，"42"的发音是"死"的动词形，所以医院一般没有 4 和 42 的房间和病床。用户的电话也忌讳用"42"，监狱一般也没有 4 号囚室。"13"也是忌讳的数字，许多宾馆没有"13"楼层和"13"号房间，羽田机场也没有"13"号停机坪。交谈中忌谈人的生理缺陷，不说如大个、矮子、胖墩、秃顶、麻子、瞎聋、哑巴等字眼，而称残疾人为身体障碍者，称盲人为眼睛不自由者，称聋子为耳朵不自由者等。

8.4.2 韩 国

　　韩国人崇尚儒教，尊重长者，长者进屋时大家都要起立，和长者谈话时戴有墨镜的人要摘去墨镜。吃饭时应先为老人或长辈盛饭上菜，老人动筷后，其他人才能吃。韩国人见面时的传统礼节是鞠躬。晚辈、下级走路时遇到长辈或上级，应鞠躬、问候，站在一旁，让其先行，以示敬意。男人之间见面打招呼互相鞠躬并握手，握手时或用双手，或用左手，并只限于点一次头。女人一般不与人握手。

图 8.22　韩国军礼

　　韩国人用双手接礼物，但不会当着客人的面打开。不宜送香烟给韩国友人。酒是送韩国男人最好的礼品，但不能送酒给妇女，除非你说清楚这酒是送给她丈夫的。如果送钱，应放在信封内。若要拜访必须预先约定。韩国人宴请一般在饭店或酒吧举行，用餐时不兴交谈，更不能发出"唧唧"的声音。

　　韩国政府规定，韩国公民对国旗、国歌、国花必须敬重。不但电台定时播出国歌，而且影剧院放映演出前也放国歌，观众须起立。外国人在上述场所如表现过分怠慢，会被认为是对韩国和韩族的不敬(图 8.22)。

　　在韩国人面前，切勿提"朝鲜"两字，也不要把"汉城"说成"京城"。照相在韩国受到严格限制，军事设施、机场、水库、地铁、国立博物馆以及娱乐场所都是禁照对象，在空中和高层建筑拍照也都在被禁之列，图 8.23 为韩国皇家婚嫁服饰。

图 8.23　韩国皇家婚嫁服饰

你知道吗？

　　在韩国，如有人邀请你到家里吃饭或赴宴，你应带小礼品，最好挑选包装好的食品。席间敬酒时，要用右手拿酒瓶，左手托瓶底，然后鞠躬致祝辞，最后再倒酒，且要一连三杯。敬酒人应把自己的酒杯举得低一些，用自己杯子的杯沿去碰对方的杯身。敬完酒后再鞠个躬才能离开。做客时，主人不会让你参观房子的全貌，不要自己到处逛。

8.4.3 俄罗斯 (欧洲东部和亚洲北部)

俄罗斯人性格豪放、开朗，喜欢谈笑，组织纪律性强，习惯统一行动。他们与人相见，开口先问好，再握手致意。

图 8.24 俄罗斯木制套娃

俄罗斯人交际时通常在三种情况下使用"你"：①对 16 岁以下的儿童。②近亲之间与同事之间（年轻人之间）。③年轻人对年轻人。对老年人、陌生人（儿童除外）和领导人则称"您"。对儿童可直呼其名，而对老年人、陌生人和领导人则应呼其名字加父称。目前在俄罗斯"先生"、"同志"、"公民"三种称呼并存。

在社交场合，男士须帮女士拉门、脱大衣，用餐时为女士分菜。俄罗斯人忌讳别人说他们小气；忌打听私事；忌在背后谈论第三者；忌问妇女年龄等。对于数字，忌讳"13"，喜欢"7"象征幸运和成功。送礼时喜欢用单数，认为双数不吉利。

你知道吗?

俄罗斯领土跨越欧亚两大洲，自然而然地融合了东西方两种文化。俄罗斯重视发展文化事业，大量出版图书和报刊，建立了许多图书馆、博物馆、文化馆、俱乐部等群众性文化设施。俄罗斯在文学、美术、宗教音乐和民间音乐、歌剧、交响乐和室内音乐、戏剧艺术、马戏团等方面有着悠久的历史及突出的成就。俄罗斯人有卓越的民间艺术。实用装饰艺术有金属、兽骨和石头的艺术加工，有木雕、木雕壁画、刺绣、带花纹的纺织品、花边编织等。最有名的工艺品有木制套娃（图 8.24）、木刻勺、木盒、木盘等木制品。

8.4.4 美国 (北美洲)

美国人一般性情开朗、乐于交际、不拘礼节。第一次见面不一定行握手礼，有时只是笑一笑，说一声"Hi"或"Hello"就算有礼了。握手的时候习惯握得很紧，眼要正视对方，微弓身，认为这样才算是礼貌的举止。在告别的时候，也只是向大家挥挥手或者说声"再见""明天见"。但如果别人向他们致礼，他们也用相应的礼节，比如握手、点头、拥抱、行注目礼等。接吻礼只限于对特别亲近的人，而且只吻脸颊。

在穿衣方面，虽然美国人以随和、不正式的印象，但在上班、赴宴会的场合，仍是很正规，穿衣的规矩极多，但以适合时宜为主，例如参加婚礼、参加丧事，则应着黑色或素色的衣服；女士在办公室应着裙装，避免穿牛仔长裤。

　　在美国，如果要登门拜访，必须先打电话约好；名片一般不送给别人，只是在双方想保持联系时才送；当着美国人的面想抽烟，必须问对方是否介意，不能随心所欲。他们一般乐于在自己家里宴请客人，而不习惯在餐馆请客。不喜欢清蒸和红烧菜肴。不喜欢过烫过热的菜肴，喜欢少盐味，味道忌咸，稍以偏甜为好。

　　美国人昵爱白色，认为白色是纯洁的象征；偏爱黄色，认为是和谐的象征；喜欢蓝色和红色，认为是吉祥如意的象征。喜欢白猫，认为白猫可以给人带来运气（图 8.25）。

　　美国人对握手时目视其他地方很反感。认为这是傲慢和不礼貌的表示。忌讳向妇女赠送香水、衣物和化妆用品。美国妇女因有化妆的习惯，所以他们不欢迎服务人员送香巾擦脸。忌讳别人冲他们伸舌

图 8.25　美国自由女神像

头，认为这种举止是污辱人的动作。他们讨厌蝙蝠，认为它是吸血鬼和凶神的象征。忌讳数字"13"、"星期五"等数字。忌讳问个人收入和财产情况，忌讳问妇女婚否、年龄以及服饰价格等私事。忌讳黑色，认为黑色是肃穆的象征，是丧葬用的色彩。特别忌讳赠送带有你公司标志的便宜礼物，因为这有义务做广告的嫌疑。

你知道吗？

　　在美国千万不要把黑人称作"Negro"，最好用"Black"一词，黑人对这个称呼会坦然接受。因为"Negro"主要是指从非洲贩卖到美国为奴的黑人。跟白人交谈如此，跟黑人交谈更要如此。否则，黑人会感觉你对他有蔑视之意。

8.4.5　英国（欧洲西部）

　　英国人很重视传统，很重视礼节礼貌，英国人的绅士风度世界闻名。重传统表现在：喜欢称世袭头衔或荣誉头衔，若无头衔至少要用"先生"、"夫人"、"阁下"等称呼；当众一般不行拥抱礼；不谈政治、宗教与皇室的小道

图 8.26　英国皇家卫队

消息，谈天气是世界著名的英国话题。英国人在穿戴上依然比较讲究，因此在会客、拜访或参加酒会、宴会、晚会时仍要穿西服打领带。在夏天，可以不穿西服，只穿短袖衬衫，但也得系领带（图 8.26）。

　　若去英国人家赴宴，一定要准时，你可以晚去一会儿，但不能早到，因为有可能主人还没有准备好，早到仍会失礼。在英国翘大拇指是拦路要求搭车之意。在英国，如果

戴口罩上街，人们会认为是传染病者跑出来了；英国人有排队的习惯，不能加塞，你可以看到他们一个挨一个地排队上公共汽车、火车或买报纸，加塞是一种令人不齿的行为。

不能讲价。在英国购物，最忌讳的是讲价。英国人对数字除忌"13"外，还忌"3"。与英国人说话时，如坐着交谈应避免两腿张得过宽，更不能跷起二郎腿，若站着谈不可把手插入衣袋。英国人还忌讳当众耳语以及说话时互相拍打肩背。

你知道吗？

盥洗室一词的本意为洗手或洗脸的地方，但其实际含义则是厕所，英国人上厕所时不会直截了当地说"去上厕所"，在提醒别人时也是如此，都不直接提到"厕所"二字。如果你想要上厕所，可以说"去男人的房间"或"去女人的房间"，也可以说"请原谅几分钟"或"我想洗手"等。小孩子们想要大小便时便说"我要去那个地方"。在朋友之间和家庭内部，"100 号"则是最常用的说法。

8.4.6 法国（欧洲西部）

法国人在社交场合与客人见面时，一般以握手为礼，少女和妇女也常施屈膝礼。在男女之间，女士之间见面时，她们还常以亲面颊或贴面来代替相互间的握手。法国人还有男性互吻的习俗。在法国一定的社会阶层中，"吻手礼"也颇为流行。施吻手礼时，注意嘴不要触到女士的手，也不能吻戴手套的手，不能在公共场合吻手，更不得吻少女的手。

法国人在餐桌上敬酒先敬女后敬男，哪怕女宾的地位比男宾低也是如此。走路、进屋、入座，都要让妇女先行。拜访告别时也是先向女主人致意和道谢，介绍两人相见时，一般职务相等时先介绍女士。按年龄先介绍年长的，按职位先介绍职位高的。若介绍客人有好几位，一般是按座位或站立的顺序依次介绍。有时介绍者一时想不起被介绍者的名字，被介绍者应主动自我介绍。

图 8.27 法国埃菲尔铁塔

到法国人家里作客时别忘了带鲜花。送花时要注意，送花的支数不能是双数，男人不能送红玫瑰给已婚女子。在送花的种类上应注意：在当地送菊花是表示对死者的哀悼。此外，法国人视鲜艳色彩为高贵，很受欢迎，视马为勇敢的象征，蓝色被认为是"宁静"和"忠诚"的色彩，粉红色是积极向上的色彩。法国人忌讳核桃，厌恶墨绿色，忌用黑桃图案，商标上忌用菊花。法国人还视孔雀为恶鸟，并忌讳仙鹤（认为它是蠢汉与淫妇的象征）、乌龟，认为杜鹃花、纸花不吉利（图 8.27）。

你知道吗？

法国人把每一种花都赋予了一定的含义，所以选送花时要格外小心：

玫瑰花表示爱情，秋海棠表示忧虑，兰花表示虔诚，郁金香表示爱慕之情，报春花表示初恋，水仙花表示冷酷无情，金盏花表示悲伤，雏菊花表示我只想见到你，百合花表示尊敬，大丽花表示感激，金合欢表示信赖，紫丁香表示我的心是属于你，白丁香表示我们相爱吧，倒挂金种表示心里的热忱，龙头花表示自信，石竹表示幻想，牡丹花表示害羞，白茶花表示你轻视我的爱情，红茶花表示我觉得你最美丽。

法国人大多信奉天主教，其次才是新教、东正教和伊斯兰教。他们认为"13"这个数字以及"星期五"都是不吉利的，甚至能由此引发什么祸事。如果你对老年妇女称呼"老太太"，她们是很不高兴的。法国人还忌讳男人向女人送香水，因为这有过分亲热和图谋不轨之嫌。他们还不愿意别人打听他们的政治倾向、工资待遇以及个人的私事。如果初次见面就送礼，法国人会认为你不善交际，甚至认为粗俗。

法国人在交谈时习惯于用手势来表达或强调自己的意思，但他们的手势与我们的有所不同。例如我们用拇指和食指分开表示"八"，他们则表示"二"；表示"是我"这个概念时，我们指鼻子，他们指胸膛。他们还把拇指朝下表示"坏"和差的意思。

8.4.7　阿拉伯国家

阿拉伯人的热情好客是久负盛名的，有客来访，他们总是煮浓浓的、香香的咖啡招待客人。由于大多数阿拉伯人信奉伊斯兰教，所以他们以红茶、绿茶和咖啡为主要饮料，平时饮沙滤水、冰水，含酒精的一切饮料均属禁品。阿拉伯人吃饭习惯席地而坐，用手抓饭吃。阿拉伯的妇女必须时时刻刻戴着面纱，并且要从头到脚全部蒙上，仅在眼部留下两个小洞，以供观物。面纱对当地妇女而言，比空气和水还

图 8.28　阿拉伯空姐

重要，妇女不戴面纱，必被世人责之为"大逆不道"或"伤风败俗"（图 8.28）。

阿拉伯人不太讲究时间观念。赠礼时不要送酒，向女士赠礼，一定要通过她们的丈夫或父亲转赠，赠予女士饰品更是大忌。伊斯兰教的斋月期间，信奉伊斯兰教的阿拉伯人在日出后和日落前不喝水、吸烟、吃东西，当地的餐馆和公司关门停业，因此，到阿拉伯访问或做生意要注意避开当地的斋月。

附　录

1. 我国主要传统节日

作为历史悠久的文明古国，丰富的民族传统节日是中国文化不可缺少的一个重要组成部分。每一个节日都有它的历史渊源、美妙传说、独特情趣和深广的群众基础。它们反映了民族的传统习惯、道德风尚和宗教观念，寄托着整个民族的憧憬，是千百年来一代代岁月长途中欢乐的盛会。部分中国传统节日见附表1所示。

附表1　中国传统节日

节日名称	简　介
春　节	春节是我国最盛大、最热闹的一个古老传统节日。俗称"过年"。按照我国农历，正月初一是"岁之元，月之元，时之元"，是一年的开始。传统的庆祝活动则从除夕一直持续到正月十五元宵节。每到除夕，家家户户阖家欢聚，一起吃年夜饭，称"团年"。我国北方地区在此时有吃饺子的习俗，取"更岁交子"之意。而南方有吃年糕的习惯，象征生活步步高
元宵节	农历正月十五夜，是我国民间传统的元宵节，又称上元节、灯节。正月十五闹元宵，将从除夕开始延续的庆祝活动推向又一个高潮。元宵之夜，大街小巷张灯结彩，人们赏灯，猜灯谜，吃元宵，成为世代相沿的习俗。元宵节吃元宵的习俗始于宋朝。意在祝福全家团圆和睦，在新的一年中康乐幸福
清明节	清明节既是二十四节气之一，又是一个历史悠久的传统节日。清明节的前一天称寒食节。两节恰逢阳春三月，春光明媚，桃红柳绿，一派欣欣向荣的气象。寒食节的设立是为了纪念春秋时代晋朝"士甘焚死不公侯"的介子推。清明寒食期间，民间有禁火寒食、祭祖扫墓、踏青郊游等习俗。另外还有荡秋千、放风筝、拔河、斗鸡、戴柳、斗草、打球等传统活动。使清明节成为一个富有诗意的节日
端午节	农历五月初五，是我国传统的端午节，又称端阳、重五、端五节。今天端午节的众多活动都与纪念我国伟大的文学家屈原有关。这一天，家家户户都要吃粽子，南方各地举行龙舟大赛，都与悼念屈原有关。同时，端午节也是自古相传的"卫生节"，人们在这一天洒扫庭院，挂艾枝，悬菖蒲，洒雄黄水，饮雄黄酒，激清除腐，杀菌防病。这些活动也反映了我们民族的优良传统
七　夕	由无数恒星组成的银河像一条天河横亘夜空，人们说，它把多情的牛郎和织女隔开了，只有每年七月初七，天下的喜鹊搭成一座鹊桥，他们才能相见，因而又被喻为人间离别的夫妻相会。这个美好的传说始于汉朝，经过千余年的代代相传，深入人心。这一夜还有观天河祈祷五谷丰收的习俗。民间有向织女乞巧的习俗，一般是比赛穿针引线，看谁更心灵手巧。因此，七夕又叫乞巧节或女儿节。现在也被誉为"中国情人节"
中秋节	农历八月十五，是一年秋季的中间，因此称中秋节。中秋之夜，除了赏月、祭月、吃月饼，有些地方还有舞草龙、砌宝塔等活动。除月饼外，各种时令鲜果干果也是中秋夜的美食。此夜，人们仰望如玉如盘的明月，自然会期盼家人团聚。远在他乡的游子，也借此寄托自己对故乡和亲人的思念之情。所以，中秋又称"团圆节"
重阳节	金秋送爽，丹桂飘香，农历九月初九的重阳佳节活动极为丰富，有登高、赏菊、喝菊花酒、吃重阳糕、插茱萸等。重阳节又是"老人节"，老人们在这一天或赏菊以陶冶情操，或登高以锻炼体魄，给桑榆晚景增添了无限乐趣

冬 至	冬至在我国古代是一个很隆重的节日。至今我国台湾还保存着冬至用九层糕祭祖的传统，以示不忘本，祝福阖家团圆。北方地区冬至有宰羊，吃饺子的习俗，南方的传统食品有冬至米团、冬至长线面等
腊八节	腊八节是佛教的节日。这一天是释迦牟尼成佛的日子，又称"成道节"。这一天最重要的活动是吃腊八粥。最早的腊八粥只是在米粥中加入红小豆，后来演变的极为复杂考究，主料有白米、黄米、江米、小米、菱角米等数十种，添加核桃、杏仁、瓜子、花生、松仁、葡萄干、桂圆肉、百合、莲子等，通宵熬煮，香飘十里。除腊八粥外，还有腊八面、腊八蒜等风味食品。它们既可滋补身体，又是喜庆丰收的一种形式，拉开了春节的序幕

2. 西方国家主要节日（附表2）

附表2 西方国家主要节日

西方国家主要节日	简 介
圣诞节（12月25日）	圣诞节是基督教徒纪念耶稣基督诞生的日子，公认的日期是12月25日。圣诞节本是一个宗教性的节日，后来逐渐演变成一个具有民族风格的全民性的节日，在美国、英国、加拿大、德国、意大利、澳大利亚等西方国家，甚至非洲、东南亚一些国家都很盛行
复活节（每年春分月圆后的第一星期日）	复活节是基督教耶稣复活的重大节日。对基督徒而言，复活节仅次于圣诞节。复活节这一天要举行宗教仪式和活动，如"圣餐"等，人们见面的第一句话就是"主复活了"。然后人们互赠彩蛋，小孩吃兔子糖，讲兔子的故事。按西方国家的习俗，彩蛋和兔子是复活节的典型象征和吉祥物
情人节（2月14日）	情人节是英美等国一个十分重要的节日。情人节不仅仅是年轻人的节日，也是一个大众化的节日。情人节这一天，不仅仅情侣们互赠卡片和礼物，人们也给自己的父母、老人以及其他受自己尊敬和爱戴的人赠礼物和卡片。特别引人入胜的是情人节之夜的化妆舞会。参加舞会的人，个个煞费苦心地将自己装扮起来，聪明的舞会主人常常给每位客人发一个带花边的瓦伦丁卡片，上面写着某个人的名字，这个人就成为你今晚的伙伴。因此在舞会上，人们便可以看到罗密欧和灰姑娘翩翩起舞；哈姆雷特同卡门谈笑风生；阿拉伯公主同查理二世共进晚餐
愚人节（4月1日）	愚人节是一个比较特殊的节日。时间是每年的4月1日。按照西方国家的习俗，在愚人节这一天，人们可以任意说谎骗人，愚弄他人。骗术越高，越能得到推崇。在愚人节受到愚弄的人被称为4月愚人。按照他们的习惯，当一个人成功地使别人受到愚弄时，他就会笑着说，这时受愚弄的人恍然大悟，也会跟着哈哈大笑。愚人节活动活跃气氛，放松一下大脑，为人们的生活增添一些乐趣，本不是件坏事。但是开玩笑或愚弄人应该有分寸，要适可而止，不要只是一味地追求骗术的高明，而不顾他人的承受性，也就是说不要把自己的一时高兴建立在别人的痛苦之上。如今的愚人节在美国已主要是淘气的男孩子们的节日了
母亲节（5月的第二个星期天）	母亲节是英、美等国家为了表达对母亲的敬意而设的一个节日。每逢母亲节，做儿女的都会送给自己的母亲节日贺卡、鲜花以及母亲们喜欢的精美礼物等，同时，在这一天做父亲的会领着子女们包揽家务，以便让做母亲的有个休息的机会
父亲节（6月的第三个星期天）	父亲节起源与20世纪初的美国。按照习惯，父亲节这一天，做孩子的通常一大早就起床给父亲做一顿丰盛的早餐，端到父亲的床头，感谢父亲的养育之恩。另外，父亲节这一天，孩子们还向父亲赠送礼物，所送的一般是父亲喜欢的衣服和爱喝的酒

续表

感恩节（11月的第四个星期四）	感恩节是美国民间传统节日。为了感谢上帝赐予的大丰收，最早的移民们决定举行一次盛大的庆祝活动，同时也是为了感谢印地安人的热心帮助。于是他们在1621年的11月下旬的一个星期四，与邀请来的曾帮助过他们的印地安人一起举行了一个庆祝活动。他们在天亮时鸣放礼炮，举行宗教仪式，虔诚地向上帝表示感谢。然后他们用自己猎取的火鸡以及自己种的南瓜、红薯、玉米等做的美味佳肴，隆重庆祝上帝的赐予，这便是美国历史上的感恩节的开始
万圣节（11月1日）	按照基督教的习惯万圣节是纪念所有圣徒的日子。在英国，万圣节前夕可以说是一个鬼节。因为大多数活动都与"鬼"有关。每到万圣节前夕这天晚上，人们就围坐在火炉旁，讲述一些有关鬼的故事，有时让一些在场的小孩听起来十分害怕。有的人把萝卜或甜菜头挖空，做成一个古怪的头形的东西，在上面刻上嘴和眼睛，在其内放上一枝点燃的蜡烛，看上去古怪、让人害怕，然后把它挂在树枝上或大门上，据说这样可以驱逐妖魔鬼怪。在美国，人们制作"杰克灯"或叫"南瓜灯"

3. 世界三大宗教简介（附表3）

附表3　世界三大宗教简介

世界三大宗教	简　介
基督教	基督教是当今世界上传播最广，信徒人数最多的宗教。基督教是公教、东正教和新教三大教派的总称。基督教的创始人是耶稣。基督教的经典是《圣经》。基督教的教义可归纳为两个字"博爱"。在耶稣眼里，博爱分为两个方面：爱上帝和爱人如己。"爱人如己"是基督徒日常生活的基本准则，它的要求是：人应该自我完善，应该严于律己，宽以待人，应该忍耐、宽恕，要爱仇敌，并从爱仇敌进而反对暴力反抗。只有做到上述要求，才能达到博爱的最高境界——爱人如己 主要仪式：洗礼、礼拜、祈祷、告解、祝福、圣事、按手礼、祝圣、圣餐、派立礼等。 主要禁忌：忌拜别的神、忌造别的偶像、忌妄称上帝的名字；忌杀人、奸淫、盗窃、出假证明陷害他人；忌对别人的女人与财物有不轨行为。忌数字"13"，忌星期五等
佛教	佛教是最古老的世界宗教之一，现仍流行于东亚、南亚和东南亚。佛教创立于公元前6世纪，其创始人是乔达摩·悉达多·释迦牟尼。佛教的经典众多主要有禅宗的《般若波罗蜜多心经》《金刚经》、华严的《华严经》、天台的《法华经》（在日韩尤其神圣）、净土的《无量寿经》等。佛教的基本教义主要是"四谛"、"八正道"等，被称为释迦牟尼的根本教法。四谛就是：苦、集、灭、道。八正道又叫八圣道，包括：正见、正思、正语、正业、正命、正精进、正念、正定，即要求人们按照佛教的教义来观察、思考、说话、行动和生活 主要仪式：披剃、灌顶、四威仪、受戒、合十、礼拜、顶礼、闭关、超度、追福、布萨、安居、自恣、打七、穿衣、打静、忏悔、焰口等 主要禁忌："五戒十善"。五戒，就是杀生戒，偷盗戒，邪淫戒，妄语戒，饮酒戒。十善实际上是五戒的分化和细化，分为身、语、意三业的禁忌：身体行为的善（禁忌）：不杀生，不偷盗，不邪淫；语言方面的善（禁忌）：不妄语，不两舌，不恶口，不绮语；意识方面的善（禁忌）：不贪欲，不嗔恚，不邪见

续表

伊斯兰教	伊斯兰教是与佛教和基督教并列的世界三大宗教。公元 7 世纪初起始生于阿拉伯半岛，它是由伊斯兰教的先知穆罕默德所创。伊斯兰教的经典是《古兰经》。目前世界上有 10 亿多信徒，他们大多分布在阿拉伯国家，以及中非、北非、中亚、西亚、东南亚和印度、巴基斯坦、中国，有些国家还以伊斯兰教为国教。伊斯兰是阿拉伯语的音译，本意"顺从"。顺从"安拉"旨意的人，即"顺从者"，阿拉伯语叫"穆斯林"，是伊斯兰教徒的通称 圣地和节日：三大圣地有麦加、麦地那、耶路撒冷。主要节日有开斋节（伊斯兰教历 10 月 1 日）、古尔邦节（伊斯兰教历 12 月 10 日）、圣纪（穆罕默德诞辰教历 3 月 12 日） 信条和五功：五个基本信条：信阿拉；信天使；信经典；信先知；信后世。五功具体为：念功，即念诵清真言；礼功，即作礼拜；斋功，即斋戒；课功，又称天谭制度；朝功，即到圣地朝圣 主要禁忌：忌食猪肉、饮酒；忌拜别的神；忌模制、塑造、绘制任何生物的图案包括人形；禁止近亲与血亲之间的通婚，忌与宗教信仰不同者通婚；不戴面纱的妇女忌进清真寺；忌男女当众拥抱接吻；妇女在陌生人面前要戴面纱；忌送带有动物形象的东西等

4. 鲜花的礼仪象征（附表 4）

附表 4　鲜花的礼仪象征

花　名	礼仪象征	花　名	礼仪象征
紫罗兰	希望、贞操和幸运	水仙花	友情、真诚和恳切
樱花草	爱和嫉妒	茉莉花	优美
玫瑰花	真情的爱	紫丁香	羞涩
石　楠	紫色表示爱孤独，白色象征福星高照	秋麒麟草	表示大吉大利，象征成功
迷迭香	忠诚、热情和怀念	圣诞蔷薇	优美、慈悲和同情
常春藤	出色的才能	富贵竹	淡雅、清秀，象征吉祥、富贵
红花竹	苦恋	天冬草	粗中有细，外表气宇轩昂，内在体贴
郁金香	爱的表白、荣誉、祝福、永恒	郁金香（紫）	无尽的爱、最爱
郁金香（白）	纯情、纯洁	郁金香（粉）	美人、热爱、幸福
郁金香（红）	爱的告白、喜悦	郁金香（黄）	高贵、珍重、财富
向日葵	爱慕、光辉、忠诚	星辰花	永不变心
风信子	喜悦、爱意、浓情蜜意	大理花	华丽、优雅
剑　兰	用心、长寿、福禄、康宁	菊　花	清静、高洁、真爱、我爱
康乃馨	体贴和遐思	非洲菊	神秘、兴奋、有毅力
小苍兰	纯洁、幸福、清新舒畅	翠　菊	追想、可靠的爱情、请相信我
彩色海芋	爱情、富贵、真情	火鹤花	新婚、祝福、幸运、快乐
海　芋	希望、雄壮之美	白百合	纯洁和忘我的境界
白月季	尊敬和崇高	香水百合	纯洁、富贵、婚礼的祝福
粉红月季	初恋	姬百合	财富、高雅

黑色的月季	个性和创意	葵百合	胜利、荣誉、富贵
蓝紫的月季	珍贵和珍稀	桃　花	避邪
三色月季	博学多才，深情	长寿花	馈赠老人或友人的佳品
龟背竹	健康长寿	蝴蝶兰	我爱你，是新娘捧花中的重要花材
红花竹	苦恋	鸡冠花	永恒的爱情
黄　栌	历经风霜，真情不变，寓意真心	马蹄莲	圣法虔诚，永结同心，吉祥如意
南天竹	长寿	睡　莲	纯洁的心或纯真
天冬草	粗中有细	勿忘我	浓情厚意、寓意永恒的爱，友谊万岁
一串红	恋爱的心	一串白	精力充沛
一串紫	智慧		

参 考 文 献

曹文彬.2001.现代礼仪.北京：中国商业出版社

陈栋康，梁岫珍.2004.现代国际商务礼俗.北京：商务印书馆

崔佳山.2005.旅游接待礼仪.北京：科学出版社

董保军.2005.中外礼仪大全.北京：民族出版社

韩平.2004.市民礼仪.北京：中国社会出版社

何浩然.2002.中外礼仪.大连：东北财经大学出版社

金正昆.2004.社交礼仪.北京：北京大学音像出版社

金正昆.2005.商务礼仪教程.北京：中国人民大学出版社

李莉.2002.实用礼仪教程.北京：中国人民大学出版社

刘玉学，刘振强.2000.涉外礼俗知识必读.北京：中国旅游出版社

陆永庆等.2001.旅游交际礼仪.大连：东北财经大学出版社

孙正红.2000.社交礼仪艺术.北京：中国书籍出版社

王春林.2002.旅游接待礼仪.上海：上海人民出版社

王欢.2006.礼仪规范教程.北京.知识出版社

王兴斌.2003.中国旅游客源图/地区概况.北京：旅游教育出版社

韦克俭.2005.现代礼仪教程.北京：清华大学出版社

温迪文.2001.出访礼仪指南.徐斯译.上海：上海教育出版社

张德平.2003.出国人员实用礼仪手册.北京：国防工业大学出版社

张利民.2004.旅游礼仪.北京：机械工业出版社

张世满等.2002.旅游与中外民俗.天津：南开大学出版社

张永宁.2003.饭店服务教学案例.北京：中国旅游出版社

赵强.2003.民俗礼仪大权.南宁：广西民族出版社